학교폭력 그 이후,
끝나지 않은 이야기

학교폭력, 그 이후
끝나지 않은 이야기

노윤호 지음

2016년부터 학교폭력 전문 변호사로 활동해오면서 자주 받았던 질문 하나가 있다. 왜 학교폭력 변호사가 되었냐는 물음이다.

2016년 당시만 하더라도 학교폭력 변호사는 전국에서 다섯 손가락 안에 꼽힐 정도로 법조 영역에서 생소한 분야였다. 내가 만나본 피해자들에게 학교폭력은 그들의 인생을 좌우할 만큼 매우 충격적인 사건이었다. 그러나 그 일들은 단순한 '애들 싸움'으로 치부되고, 피해자들은 법적 조력도 제대로 받지 못하고 있었다. 금전적 사건에서도 변호사에게서 법적 조력을 받는데, 하물며 한 사람의 인생을 좌우할 수 있는 학교폭력 사건에서 당연히 도움이 필요하지 않겠냐는 생각으로 나는 학교폭력 변호사가 되었다.

2023년처럼 학교폭력에 대한 관심이 뜨거운 적이 없었던 것 같다. 학교폭력 피해자의 복수를 그린 드라마 「더 글로리」를 시작으로 고위공직에 임명된 모 변호사가 아들의 과거 학교폭력 가해 사실이 밝혀져 하루 만에 사임한 사건, 10년이 넘는 시간 동안 학교폭력에 시달려온 피해자의 고발 등이 이어졌다. 이에 정부는 무관

용의 원칙으로 학교폭력 대책을 정비하겠다고 발표했다. 「더 글로리」의 흥행은 대중이 학교폭력 피해자들의 트라우마에 대해 관심을 두는 계기가 되었지만, 피해자 보호와 치유에 관한 인식과 지원책은 아직 미진한 수준이다.

학교폭력 신고를 하고, 가해자의 폭력이 중단되고, 피해자가 가해자와 분리되면 그것으로 학교폭력은 끝이라고 생각했다. 그러나 사건이 종결되어도 여전히 피해자들은 힘들어했다. 그들이 학교폭력이 발생하기 전의 모습으로 완벽하게 돌아가기란 쉽지 않았다. 바로 '학교폭력 트라우마' 때문이었다. 힘들어하는 피해자들을 보며 나는 근본적인 해결책을 찾고 싶었다.

이유를 찾지 못하고 터널 속을 걷는 듯한 피해자들에게 길잡이가 되어 주기 위함과 동시에 피해자들에게 근본적인 해결을 제시해주지 못했다는 부채감을 해소하기 위해, 학교폭력 트라우마를 극복하는 방법을 찾으며 이번 책을 준비했다. 나 역시도 나약한 개인에 불과하니, 나로 인해 피해자들의 인생이 드라마틱하게 변하지는 않겠지만, 절박한 상황에서 도움이 절실한 이들에게 미약할지라도 최선을 다해 도움을 주고 싶다.

1부 1장에서는 먼저 학교폭력의 역사를 통해 시대마다 나타난 학교폭력의 경향, 사회적 인식, 제도의 유무 등에 대해 살펴보고, 왜 피해자들이 학교폭력을 겪게 되었는지에 대해 알아보면서 트라우마 극복의 실마리를 찾고자 한다. 그리고 학교폭력 사건이 종결된 이후에도 피해자들이 어떤 후유증을 겪는지를 소개하며 피해자들에게 혼자만의 문제가 아님을 알리고자 한다.

이어서 1부 2장은 학교폭력 트라우마를 극복한 실제 피해자 6명에 대한 이야기이다. "관찰보다는 애정이, 애정보다는 실천이, 실천보다는 입장이 더 중요하다. 입장의 동일함은 관계의 최고 형태이다."라는 故 신영복 교수의 말씀처럼, 이 책을 읽을 피해자들과 비슷한 상황을 겪은 그들의 이야기는 그 어떤 말보다도 가장 도움을 주고 용기를 심어 줄 것이다.

2부 1장은 과거 학교폭력 피해자들이 가해자에게 어떤 법적 책임을 물을 수 있는지, 사적 복수가 학교폭력 트라우마 해결에 도움이 되는지를 이야기한다. 아울러 '학폭 미투'가 피해자들에게 어떤 의미인지, 명예훼손 등 처벌의 가능성은 없는지 알아보고자 한다.

마지막 2부 2장은 학교폭력 트라우마를 극복할 방법에 대한 이야기이다. '학교폭력 알리기'부터, 피해자 주변인들의 역할, 피해자가 상담 및 치료를 받을 수 있는 기관과 함께 마지막으로 피해자가 직접 실천할 수 있는 방법을 소개한다.

부록으로는 현재 학교폭력 관련 제도 내에서 피해자들이 도움을 얻을 수 있는 절차에 대한 안내와, 1부에서 만난 과거 피해자분들이 현재의 학교폭력 피해자들에게 전하고 싶은 조언과 위로의 말을 담았다.

지금까지 수많은 학교폭력 피해자가 학교폭력 트라우마를 극복하고, 버티는 삶이 아닌, 온전히 자신을 위한 주체적인 삶을 살고 있다. 이 사실은 당신도 충분히 트라우마를 극복할 힘이 있으며, 언젠가는 그들처럼 어두운 터널에서 벗어날 수 있다는 희망이 되어 줄 것이다.

학교폭력 피해자들의 아픔에 공감하고 그들에게 이 책이 전달될 수 있게 기획해주신 〈사유와공감〉에 감사의 마음을 전한다. 그리고 다른 피해자들을 위하는 마음으로 진솔하게 이야기해 주시고 영감을 주신 6명의 피해자분들과 그 가족분들께도 감사드린다. 본업과 병행하며 책을 집필하는 가운데 집필에 집중할 수 있도록 늘 배려해 준 배우자 정정헌 씨와 우리의 행복이자 기쁨인 딸 정승연에게 사랑의 마음을 전한다.

2023년
노윤호

목차 contents

부

학교폭력은 아직 끝나지 않았다

제1장 끝나지 않은 학교폭력

제2장 이 보 전진 일 보 후퇴, 그들의 이야기

2부

학교폭력 트라우마와의 작별

일러두기

1부

학교폭력은 아직 끝나지 않았다

제 **1** 장

끝나지 않은 학교폭력

'학생 폭력배'에서 '왕따',
그리고 '학폭 미투'까지

그때, 왜 하필
나였을까

학교폭력 그 이후

⋮

'학생 폭력배'와 '왕따', 그리고 '학폭 미투'까지

학교폭력은 학교의 역사와 함께 시작됐다고 해도 과언이 아니다. 과연 언론에서 보도되는 것처럼 학교폭력은 갈수록 흉포화되었던 것일까. 따돌림은 언제부터 사회적 문제로 인식되었을까. 학교폭력 예방과 대처에 관한 제도는 언제 마련되었을까. 학교폭력의 시대상과 변천 과정을 신문 기사, 설문 조사, 연구 자료 등을 통해 알아보고 그 과정에서 피해자들이 고통을 인내하고 무기력할 수밖에 없었던 구조적 배경이 있지는 않았는지 먼저 알아보고자 한다.

1950년대의 학교폭력

1950년대는 전쟁 직후 혼란스러운 시대 상황으로 폭력이 만연해 있었고 학교도 예외는 아니었다. 학생들이 칼 같은 흉기를 학교에 가지고 다니는 일이 예사였고, 교사들도 얼마든지 학생을 체벌할 수 있었기에 폭력에 둔감했으며, 학교에서 발생한 폭력 사건은 사망에 이를 정도가 아니면 애들 싸움으로 치부해 특별히 개입하지 않았다.

당시 언론은 어느 고등학교에서 20여 명이 패를 짓고 다른 학생들을 폭행한 사건을 소개하고 있다.[1] 기사에 따르면 "학교 당국에서는 아무런 대책도 없어 학생들은 공포에 떨고 학부형들은 학교 측의 무성의를 극도로 비난"하는 상황이었다고 한다.

1950년대에 학교폭력은 주로 '학생 깡패'라는 단어로 소개되었으며 살해, 상해 치사, 칼부림 등 극악무도한 사건이 많아,[2] 흉흉했던 시대상으로 인해 극단의 피해가 발생하지 않는 이상 웬만한 학교폭력은 폭력으로도 여기지 않았음을 알 수 있다.

1960년대의 학교폭력

1960년대에는 4·19 혁명, 5·16 군사 정변으로 여전히 사회가 혼란스러웠고 학교에서 발생하는 폭력도 1950년대 수준과 별 다를 바가 없었다. 집단화되고 조직화된 몇몇 학생들은 학교 안팎에서 폭력을 행사했으며 사회에서는 이를 '학생 폭력배', '학원 내 폭력서클', '불량 학생'이라 불렀다.

이러한 배경 때문에 이른바 폭력배 수준이 아니고서야 여러 가해 행위를 학교폭력이라 인지하지 못했고, 피해자들 또한 자신이 겪은 것이 학교폭력인지 모른 채 참고 견뎌야 하는 시절이었다. 다만 이전과 달라진 것이 있다면 위와 같이 조직화된 불량 학생들의 학교폭력을 학교 내부의 문제가 아닌 심각한 사회문제로 여겨야 한다는

---

1   "폭력에 떠는 교실", 동아일보, 1959. 11. 6.

2   "學園(학원)에서 暴力(폭력)은 逐放(축방)해야한다", 경향신문, 1957. 12. 5.
     「學生(학생)깡패」의 溫床(온상)은 어디 있는가", 경향신문, 1958. 3. 25.

비판의 목소리가 생겼고, 이에 따라 정부가 학교폭력 사건에도 강력한 공권력을 행사했다는 점이다.

1963년 5월에 발생한 사건[3]에서는 모 고등학교 재학생들이 학교 측에 30여 명으로 이루어진 폭력 조직의 제거를 요구하자, 조직에 속한 학생들이 조직 제거를 요구하던 학생 2명에게 송곳, 잭나이프 등으로 중상해를 입혔다. 학교는 단호하게 가해 학생들에게 퇴학 처분을 내렸고 관할 경찰서는 그중 6명의 학생을 구속했다. 이후 그들은 수도방위사령부, 보통군법회의에 송치되어 처벌 받았다. 5·16 군사 정변 직후라 군사 법정에서 학교폭력을 다룬 점이 흥미로운 대목이다.

이후 서울시 경찰은 학원 내 폭력 서클 및 불량 학생들의 계보를 작성하고 전담반을 두어 근절책을 강구하는 등 학교폭력 문제를 다루게 되었다.[4] 그러나 이러한 공권력은 심각한 수준의 물리적 폭력만을 다루던 터라 일반적인 따돌림에 대한 대책이나 관심은 없었고, 따돌림을 당한 학생의 사적 복수가 간혹 이슈가 될 뿐이었다. 중학교 1학년 학생이 급우들로부터 심하게 놀림을 받으며 외로워하던 중 식수를 끓이던 솥에 양잿물을 넣었다가 위계 살인미수로 경찰에 입건된 사건[5]이 그 예이다.

---

3 "學校(학교) 가기가 무섭다", 동아일보, 1963. 5. 24.

4 "學園暴力(학원폭력)", 경향신문, 1968. 6. 15.

5 "「問題兒(문제아)」로 놀림받던 中學生(중학생)의 깜찍한怨心(원심) = 校內(교내) 물솥에 양잿물", 조선일보, 1963. 5. 25.

1970년대의 학교폭력

1960년대의 공권력 개입 때문인지 1970년대에 들어서 살인, 흉기 이용 상해와 같은 극악한 사건은 줄어들었지만, 학교폭력은 여전히 만연했다.

1975년 '중앙청소년보호대책위원회'라는 기관에서 고등학생 15,509명을 상대로 설문 조사를 했는데, 이 중 32.4%가 금품을 빼앗기거나 폭행, 희롱당한 적이 있다고 응답했다. 무려 당시 고등학생의 1/3이 학교폭력을 당한 셈이다.

학교폭력의 유형으로는 남학생의 경우 금품갈취(46.1%), 신체폭력(41.2%), 풍기관계[6](10%)를, 여학생의 경우 금품갈취(41.4%), 풍기관계(40.6%), 신체폭력(13.9%)를 주로 당했다고 응답했다. 반면 경찰에 신고한 학생은 전체 피해학생의 2~3%에 불과했는데, 일단 신고에 대한 두려움이 컸고 경찰 외에는 신고할 곳이 없어 부담을 느낀 점도 한 요인이었다.

1970년대까지도 따돌림 같은 비물리적 폭력도 폭력이라는 인식이 부족했고, 물리적 폭력도 선뜻 신고하기 어려운 분위기 속에서 따돌림을 신고한다는 건 불가능이나 다름없었다. 그 때문인지 이 당시에도 따돌림을 당한 피해학생의 사적 복수 사건이 발생했는데, 담임교사와 반 학생들의 무시와 따돌림을 견디기 어려워했던 초등학교 6학년 학생이 교실에 몰래 숨어들어 벽에 붙어 있던 학생들의

---

6 희롱과 추행을 의미한다. ─편집자 주

그림을 뜯어내 불을 붙이던 중 불이 주변으로 옮겨 붙으며 학교에 큰 화재가 난 사건이었다.[7] 피해학생은 이렇다 할 해결 방법이 없는 탓에 사적 복수를 선택했던 것으로, 교육청은 학교장과 교감을 지휘 감독 불충분으로 징계위원회에 회부하기도 했다.

1980년대의 학교폭력

1980년대에도 학교폭력은 일부 불량 학생들의 사건으로 다루어졌다. 그래서 학교폭력 가해자라는 이름이 아닌 '불량 폭력배'로 지칭하며, 학교별로 '불량 폭력배 피해신고센터'를 설치·운영했고 경찰, 시·군·구청 직원, 교육공무원, 교사 등이 합동 단속반을 편성해 집중 단속을 하는 등 경찰과 학교, 지방단체가 함께 학교폭력을 해결하고자 노력했다.

사회가 따돌림에 주목한 것은 80년대 중반 이후부터이다. 일본에서 비슷한 현상으로 사회문제가 되었던 '이지메イジメ'를 소개하며 '학생을 대상으로 지속적으로 괴롭혀 학교를 떠나게 하는 것'을 따돌림으로 보았다. 학생들 사이에서는 약점을 건드리며 노트에 낙서하거나 일절 말을 걸지 않기, 쪽지를 돌리며 놀리기, 책상에 욕설이 담긴 쪽지를 놓아두기 등 정신적 괴롭힘이 늘어났다.

그러나 이러한 따돌림은 불량 폭력배의 범주가 아닌 평범한 집단의 학생들에 의해 발생하는 것이었고, 그렇다고 경찰에 신고할 범

---

7   "父母(부모)–학교에 큰責任(책임)…事前善導(사전선도)를", 조선일보, 1972. 5. 23.

죄로 보기도 애매해서 피해학생들은 자신이 다른 학교로 전학 가는 것으로 문제를 해결해야 했다. 당시 서울시교육청 상담실의 경우 따돌림 등 괴롭힘으로 인한 전학 상담이 한 달 평균 300여 건에 달했다고 하니,[8] 따돌림이 만연해 있음에도 해결책은 전무한 시대였다고 볼 수 있다.

1990년대의 학교폭력

1990년대에 들어서도 학교폭력은 그 양상이 흉포화되고 있다는 점에서 계속해서 지적되었다. 1998년 전국 초·중·고등학교 학생들을 대상으로 한 설문 조사에 의하면 1년간 학교폭력을 경험했다고 답한 비율이 전체 학생의 24.2%에 달할 정도였다.[9]

그러던 중 집단 따돌림으로 피해학생들이 자살하는 사건이 연달아 발생하자 사람들은 비로소 따돌림을 사회문제로 여기게 되었다. 1995년, 16살에 괴롭힘으로 인해 극단적 선택을 한 학생의 아버지[10]가 학교폭력의 심각성을 알리고 예방과 치유를 돕기 위해 '청소년폭력예방재단(現 푸른나무재단)'을 설립했다. 재단은 전국 학교폭력 상담 전화를 마련하고, 최초로 『학교폭력 예방 지침서』를 발간했으며 학교폭력 실태조사를 실시하는 등 학교폭력 예방 및 대응을

---

8   "暴力(폭력)교실…도피轉學(전학) 잇따라", 경향신문, 1986. 5. 23.

9   박경숙, 손희권, 송혜경, 「학생의 왕따(집단 따돌림 및 괴롭힘)현상에 관한 연구」, 한국교육개발원, 1998.

10   現 재단법인 푸른나무재단 김종기 명예이사장 —편집자 주

위한 체계를 세웠다. 또한 이듬해 9월에 발매되어 선풍적인 인기를 끌었던 그룹 H.O.T.의 데뷔곡 「전사의 후예(폭력 시대)」를 생각해 본다면, 이는 학교폭력 피해자에 대한 대중의 공감이기도 했다.

이후 1997년에 김영삼 전 대통령은 범정부 차원에서 학교폭력을 근절하라며 각 장관에게 학교폭력 대책 보고를 지시하고 가해학생 사회봉사명령제도와 청소년 보호법도 제정했지만, 그것은 유해 환경으로부터 청소년들을 보호하겠다는 것이었지 실질적인 학교폭력 예방·대응책으로서는 도움이 되지 못한 법이었다.

2000년대의 학교폭력

2004년 1월 29일, 비로소 「학교폭력예방 및 대책에 관한 법률」이라는 특별법이 제정되며 학교폭력이 제도권 내로 들어왔고, 학교에서 학교폭력에 대해 적극적으로 대처할 수 있는 근거가 마련되었다. 해당 법은 학교폭력 용어를 정리하고 국가와 지방자치단체, 교육부 장관, 교육감이 학교폭력 예방 및 근절을 위한 대책을 마련하도록 했다. 또한 학교에 상담교사 및 학교폭력 전담 기구, 학교폭력대책자치위원회를 두도록 하고 학교폭력 신고를 의무화했다.

하지만 2005년부터 2007년까지 고등학생들을 대상으로 한 학교폭력 설문 조사[11]에서 학교폭력 피해 경험이 있는 학생의 응답률은

---

11 「한국교육고용패널(KEEP: Korean Education & Employment Panel) 조사」, 한국직업능력개발원, 2005-2007.

18.7%로 여전히 높게 나타났고, 2011년 말 대구의 한 중학생이 집단 괴롭힘으로 투신자살하는 사건이 발생하는 등 사회는 다시 한번 학교폭력의 심각성에 충격을 받았다. 이 사건을 계기로 2012년 2월, 한층 강화된 학교폭력 종합대책이 마련되었다. 가해학생 징계가 임의규정에서 의무규정으로 바뀌었고, 학교폭력대책자치위원회의 징계 사실을 학교생활기록부에 기재해 대학 입시에 반영하도록 했다. 학교폭력을 축소·은폐하는 교사를 징계하는 방안도 이때 처음 도입되었으며, 교육부에서 매년 두 차례 학교폭력 실태조사를 의무적으로 실시하게 했다. 인터넷 사용과 스마트폰 보급에 따라 사이버따돌림 등 사이버폭력을 학교폭력 유형으로 포섭한 것도 2012년이었다.

가해학생에 대한 의무적 징계와 생활기록부 의무 기재의 효과는 막강했다. 10~20%대의 학교폭력 발생률은 2013년 2.2%로 급격히 떨어졌고, 이후 현재까지 1~2%의 피해 응답률을 유지하고 있다. 그러나 학교 내에서 사안 조사와 학교폭력대책자치위원회까지 진행하다 보니 학교에서 마음만 먹으면 여전히 사건을 축소·은폐할 수 있었고 가해 수법은 어른들의 눈을 피해 사이버상의 괴롭힘으로 옮겨갔다.

급기야 2017년 9월에는 부산의 중학교 여학생 4명이 1명의 피해학생을 집단 폭행한 후 이를 촬영해 가해학생의 SNS 계정에 게시하면서, 이른바 '부산 여중생 폭행 사건'이 세상에 알려졌다. 2018년 11월에는 중학교 2학년 남학생 3명과 고등학교 1학년 여학생 1명이 14살 피해학생을 옥상으로 불러내 집단 폭행한 뒤 추락사시킨 '인천 중학생 추락사' 사건이 이어지는 등 잔혹한 학교폭력은 멈추지 않았다.

2020년 이후 학교폭력

2000년대에 관련 제도가 도입된 뒤로 학교폭력은 해마다 1~2%의 피해 응답률을 유지하고 있다. 학교폭력이 제도권 내로 들어오자, 학교폭력의 양상은 물리적 폭력에서 비물리적·정신적 폭력의 형태로 진화했으며 학교에서 열리던 학폭위는 2020년 교육지원청으로 이관되어 전문성·객관성·공정성을 강화하게 되었다.

그리고 2021년에 일어난 이른바 '학폭 미투'는 학교폭력의 역사에 새로운 전환점을 가져왔다. 그전까지는 피해자가 자신의 피해 사실을 부끄러워하고 숨겨왔다면 학폭 미투 이후로 '피해자가 부끄러워해야 하는 것이 아닌 가해자가 비난받아야 하는 것'이라는 사회적 분위기가 형성되었고, 피해자들이 좀 더 목소리를 낼 수 있는 계기가 된 것이다. 이 당시 유명 배구선수 자매는 과거 학교폭력 가해 사실이 폭로되며 국가대표 선수 지위를 박탈당하고 배구계에서도 퇴출당하다시피 했다. 이후 유명인들의 과거 학교폭력 가해 사실이 연이어 폭로되었고 가해자로 확인된 운동선수나 방송인들은 활동을 그만두어야 했다.

2023년에는 넷플릭스 드라마 「더 글로리」가 과거 학교폭력 피해자의 사적 복수를 그리며 전 세계적인 인기를 끌었고, 이와 맞물려

고위 공직에 임명되었다가 아들의 과거 학교폭력 사건으로 하루 만에 사임한 '정 모 변호사 아들 학폭 사건'은 학교폭력 대책 개정의 결정적인 계기가 되었다.

2023년 4월, 정부는 '학교폭력 무관용 원칙'에 따라 가해학생의 징계 내용을 생활기록부에 기재하는 기간을 4년으로 확대하고, 대학 입시에서 가해학생에게는 의무적으로 불이익을 주도록 하는 '학교폭력 근절 종합대책'을 발표했다.

여기까지 살펴보았듯이 학교폭력은 갑자기 등장한 것도 아니고, 갈수록 흉포화된 것도 아니며 언제나 학교와 함께 존재해왔다. 별다른 대응을 할 수 없었던 피해자들과 폭력에 무지하고 둔감했던 사회, 그리고 피해자를 보호할 만한 제도도 마련되어 있지 않았던 시대상을 이해한다면, 당시 적극적으로 대처하지 못했다고 피해자 스스로 자책할 필요가 전혀 없으며 학교폭력이 트라우마로 남을 수밖에 없었던 상황에서도 견뎌냈던 자신을 대견히 여겨야 함을 기억하길 바란다.

그때, 왜 하필 나였을까

학교폭력이란

머릿속에서 계속 맴돌며 나를 괴롭히는 학창 시절의 그 경험을 학교폭력이라고 말할 수 있을까. 내가, 또는 내 자녀가 겪고 있는 일은 학교폭력에 해당할까. 나는 분명 괴롭지만, 드라마나 언론에 보도되는 정도의 집단폭행 내지는 신체적 폭행이어야 학교폭력인 것은 아닌지 혼란스럽다. 피해자들은 이런 식으로 자신이 당한 일이 학교폭력에 해당하는지 확신하지 못하고 대처를 망설인다. 반면에 가해자들은 자신의 행동이 그저 장난이나 놀이라고만 한다. 그러나 가해자들이 단순한 장난이라고 치부하면 폭력이 폭력이 아니게 되는 것일까. 이 질문에 답하기 위해서는 학교폭력의 개념과 의미부터 알아볼 필요가 있다.

우리나라에서 '학교폭력'이라 칭하는, 또래로부터 발생하는 괴롭힘은 해외의 '불링Bullying', '이지메イジメ' 등의 개념과 유사하다. 스웨덴 출신 심리학자 댄 올베우스Dan Olweus는 '불링'을 "힘의 불균형이 존재함으로 인해 피해자가 자기 자신을 쉽게 방어할 수 없는 상태

에서 일정 기간 반복적으로 가해지는 공격적 행위"라 정의한다. 한 편 '이지메'는 일본에서 "집단 내에서 지배적 위치를 점하는 누군가 가 공격적 행동으로 다른 상대방에게 정신적 또는 신체적 고통을 야기하는 의도적 행동"[12]을 의미하는 말이다.

    우리나라는 학교폭력예방법에서 학교폭력의 의미를 보다 상세하 게 규정하고 있다.

학교폭력예방법 제2조(정의) 이 법에서 사용하는 용어의 정의는 다음 각 호 와 같다.

1.   "학교폭력"이란 학교 내외에서 학생을 대상으로 발생한 상해, 폭행, 감금, 협박, 약취 · 유인, 명예훼손 · 모욕, 공갈, 강요 · 강제적인 심부름 및 성 폭력, 따돌림, 사이버 따돌림, 정보통신망을 이용한 음란 · 폭력 정보 등에 의 하여 신체 · 정신 또는 재산상의 피해를 수반하는 행위를 말한다.

1의2.   "따돌림"이란 학교 내외에서 2명 이상의 학생들이 특정인이나 특정 집단의 학생들을 대상으로 지속적이거나 반복적으로 신체적 또는 심리적 공 격을 가하여 상대방이 고통을 느끼도록 하는 모든 행위를 말한다.

1의3.   "사이버 따돌림"이란 인터넷, 휴대전화 등 정보통신기기를 이용하 여 학생들이 특정 학생들을 대상으로 지속적, 반복적으로 심리적 공격을 가하 거나, 특정 학생과 관련된 개인정보 또는 허위사실을 유포하여 상대방이 고통 을 느끼도록 하는 모든 행위를 말한다.

---

12   피터 K. 스미스, 정지숙 역, 『학교폭력』, 돌배나무, 2021. 26~27쪽

학교폭력예방법상 학교폭력은 학교뿐만 아니라 학교 밖, 사이버 상에서 발생한 폭력도 포괄하며 피해자가 초·중·고등학교를 다니는 학생 신분일 때 해당한다. 따라서 또래뿐만 아니라 상·하급생을 불문하고 성인이 가해자인 경우에도 피해자가 학생 신분이기만 하면 학교폭력으로 보아 폭넓게 피해학생을 보호하려고 한다.

이상의 학교폭력 개념에서 공통으로 나타나는 특징은 '힘의 불균형'과 '지배적 위치를 점하는 가해자'인데, 즉 학교폭력의 핵심은 가해자와 피해자가 대등한 관계가 아니라는 데 있는 것이다.

일본의 정신과 의사 나카이 히사오는 이지메의 판단기준으로 상호성이 있는지를 제시하는데, 아무리 가해자들이 장난이라고 인식했더라도 피해자가 일방적으로 당하는 것이라면 장난으로 볼 수 없다는 뜻이다. 실제 학교폭력대책심의위원회에서도 가해자의 행위가 학교폭력인지 장난인지 판단하는 데 '피해학생이 싫다는 의사표현을 한 적이 있음에도 반복했는지', '가해학생은 장난이라고 하지만 정작 피해학생은 가해학생에게 비슷한 공격적 행위를 한 적이 있는지' 여부를 확인한다.

나는 왜 학교폭력 피해자가 되었을까

피해자들은 왜 자신이 가혹한 학교폭력을 겪어야 했는지 알지 못해 괴로워한다. 특히 피해자들을 괴롭게 하는 건 학교폭력의 원인이 자신에게 있었던 것은 아닌지 자책하며 과거의 상처에서 벗어나지 못하는 것이다. 학교폭력 트라우마를 극복하는 것은 왜 학교폭력이 일어났었는지를 알아가는 것부터 시작된다. 학교폭력은 피해자 잘못이 아니라는 것, 누구나 겪을 수 있다는 것, 그리고 당시 왜 무력할 수밖에 없었는지를 알아야 스스로에 대한 비난과 자책에서 벗어날 수 있다.

학교의 경직된 단체생활

"학교는 성스러운 공동체라는 인식하에 학생이 전인적으로 관계를 맺을 수 밖에 없도록, 각자의 다양한 기분이나 행동이 서로의 운명에 크게 영향을 미치도록 제도·정책적으로 설계되어 있다. 지금까지 어떤 인연도 없었던 또래의 아이들을 한데 묶어(학교 제도) 아침부터 저녁까지 교실에 모아 놓고(학급 제도) 생활 전반을 감시하는 것이다.

현행 학교 제도는 이처럼 좁은 생활 공간에 학생들을 강제 수용한 다음 다양한 관계를 강제한다. 가령 집단학습, 집단섭식, 학급활동, 청소(대가 없는 노동), 잡무 할당, 학교 행사, 각종 연대책임 등을 강압함으로써 모든 생활 활동이 소집단의 자치훈련이 되도록 만든다.[13]"

일본 이지메 연구의 일인자 나이토 아사오 교수는 그의 저서 『이지메의 구조』에서 아이들이 아침부터 저녁까지 좁은 공간에 갇혀 생활하는 학교 제도를 묘사하고 있는데, 그 내용은 우리나라 학교

---

13 나이토 아사오, 고지연 역, 『이지메의 구조 : 왜 인간은 괴물이 되는가』, 한얼미디어, 2013. 163쪽

의 경직된 단체생활과 너무나 닮아있다.

학교는 행정적 편의를 위해 매년 초에 학생들을 반 단위로 나누어 1년 동안 단체생활을 하도록 한다. 반 편성에는 학생들의 의사가 전혀 반영되지 않는다. 그저 학교가 구분한 대로 친하지 않은 학생들, 사이가 좋지 않은 학생들과도 한 반에서 생활해야 한다. 경직된 단체생활 속에서 생긴 갈등은 폭력으로 발전하기도 하고, 긴장과 스트레스 완화를 위해 학급 안에서 피해자를 타깃으로 삼는 가해자들이 나타나기도 한다. 피해자는 가해자에게 스트레스를 해소하는 대상이 되며, 반 학생들에게는 자신이 괴롭힘 대상이 아니라 다행이라는 안도감을 주는 역할이 된다. 즉 학교폭력의 피해자가 집단의 결속을 다지며 긴장을 해소하는 역할을 맡게 되는 것이다.[14]

피해자는 단체생활에 적응하지 못한 학생으로 취급되고 학교폭력 피해를 알리더라도 가해자와의 분리가 허락되지 않는다. 일반 범죄의 경우 가해자와 피해자가 단 한 순간이라도 같은 공간에 있는 것을 상상할 수 없으면서, 학교폭력의 피해자는 이 경직된 단체생활에 희생되어 가해자와 함께 생활할 것을 요구받는다.

이는 현재 제도에서도 마찬가지이다. 피해학생이 학교폭력대책심의위원회에서 스스로 학급교체를 원해 보호조치를 받거나, 가해학생이 강제 전학 다음으로 중징계에 해당하는 학급교체 조치를 받아야만이 겨우 분리될 수 있다.

---

14 고경은, 「소년의 학교폭력 극복 경험에 관한 연구」, 학교사회복지 vol29, 2014, 11쪽

누가 가해자가 되는가

학교폭력 피해자들이 가해자들을 만나면 가장 묻고 싶은 것이 '왜 하필 나한테 그랬는지'라고 한다. 사실 가해자들은 학급에서 약해 보이고 약점 잡기 쉬운 학생을 타깃으로 삼은 것이지 피해자가 되는 데 특별한 이유는 없다. 폭력이 만연한 학급에서는 가해자의 타깃이 계속 옮겨갈 뿐이다.

그렇다면 가해자들이 가해자가 된 데는 어떠한 성격적 결함이나 사이코패스적인 기질이 있던 것일까. 앞선 내용에서 보았듯이 과거에는 일부 폭력배, 불량 학생들처럼 특이한 경우만 학교폭력의 가해자가 된다고 생각했다. 또, 괴롭힘과 학대에 관한 연구에서 전문가들은 '나르시시즘'과 '마키아벨리즘'이 가해자들에게 공통으로 나타나는 인성이라 설명하기도 했다.[15]

나르시시스트들은 자기중심적이고 거짓말을 잘하며 교활하고 권모술수에 능한 것처럼 자기 자신을 포장한다. 그들은 겉으로는 자신만만하고 자신을 과시하지만 실제로는 낮은 자존감, 자기혐오로 괴로워한다.[16] 마키아벨리즘은 목적을 위해 수단을 가리지 않는 것을 의미하는 단어로, 마키아벨리즘 성향의 사람들은 정서적 공감과 이

---

15 Helen Riess, "The Empathy Effect: Seven Neuroscience-Based Keys for Transforming the Way We Live, Love, Work, and Connect Across Differences", Sounds True, 2018. p.120

16 George FR, Short D, 'The Cognitive Neuroscience of Narcissism', Journal of Brain, Behaviour and Cognitive Sciences, 2018.

해 능력이 떨어지며 자신이 원하는 것을 얻기 위해 타인을 조종하는 특징을 보인다.

그러나 내가 만나본 가해학생들의 모습은 지극히 평범했고, 가정과 학교에서 기대를 한몸에 받는 학생들도 있었으며 모범생이라 불리는 전교 회장, 심지어 수능에서 만점을 받은 학생도 있었다. 앞에서 언급한 '정 모 변호사 아들 학폭 사건'이 대표적인 예다. 해당 사건은 소위 전국에서 영재이자 모범생들만이 선발되어 모인다는 사립 고등학교에서 발생했다. 게다가 가해자는 학교폭력 징계 기록의 불이익에도 불구하고 서울대학교에 진학할 정도로 성적이 우수했다. 그는 평소에도 자신의 아버지가 고위공직자임을 과시했고, 자신이 피해자보다 성적이 우수하고 친구들에게 영향력이 있다는 점을 악용했다.

누구나 학교폭력의 피해자가 될 수 있듯이 누구나 가해자가 될 수 있다. 물리적인 힘의 불균형뿐만 아니라 관계나 지위 등 어느 사소한 것에서든 불균형이 존재하는 순간 가해자와 피해자가 나뉘고 학교폭력이 발생할 위험에 처한다고 할 수 있다.

가해자는 피해자를 선택하는 것에서부터 괴롭힘을 시작한다. 타깃이 되는 이유는 다양하다. 사소한 신체적 특징이나 말투, 내가 좋아하는 친구와 친해졌다는 것 등 갖가지 이유로 트집을 잡는다. '이성 친구들에게 인기가 많아서', '나보다 성적이 좋아서'처럼 질투가 이유가 될 때도 있다. 가해자는 이 트집거리로 피해자를 괴롭혀도 된다는 당위성을 찾고, 주변 친구들에게 '피해자는 이래서 당하는 거다'라며 설득한다. 후에 학교폭력이 들통났을 때도 가해자는 '피해자 때문에 학교폭력이 발생한 것이다'라고 핑계를 대며, '피해자 너는 잘못한 것이 없냐'고 되묻는다.

가해자는 피해자를 인격적으로 짓밟고 자신이 원하는 대로 힘들어하는 모습을 보며 희열을 느낀다. 그들이 학교폭력을 장난, 놀이라 칭하는 이유가 여기에 있다. 실제 그들은 괴롭힘이 놀이처럼 무척 즐거웠기 때문이다. 또한 주변 친구들을 자신의 괴롭힘에 가담시키고, 방관하는 반 친구들로부터 힘을 얻어 더 과감하게 피해자를 괴롭힌다. 가해자는 자신의 괴롭힘으로 다른 학생들과도 어울리지 못하고 고립되는 피해자를 보며 누군가를 마음대로 지배하고 있다는 우월감을 만끽한다.

방관자에게도 책임이 있다

폭력이 만연한 학교 분위기에서, 목격자인 다수의 학생들은 학교폭력을 학교생활에 어쩔 수 없이 동반되는 것으로 여긴다. 피해 학생이 안쓰럽지만, 별수 없다. 괜히 나섰다가는 자신이 가해자의 타깃이 될 수 있기 때문이다. 피해자와 친했던 친구들은 같은 피해자로 묶일까 봐 그와 거리를 두고 피해자는 결국 고립되고 만다. 앞서 말한 것처럼 방관자들은 한편으로 피해자가 있음에 안도한다. 자신이 피해자가 아니라 다행이라고, 자기만 아니면 된다고 생각한다. 이렇게 묵인하고 방관하는 학생들이 있기에 가해자는 더 과감하게 학교폭력을 저지를 수 있다.

핀란드에서 진행된 한 연구에 의하면 학급 내에서 괴롭힘에 방관하는 태도를 보이면 괴롭힘이 발생할 가능성이 더 높고, 피해자를 돕고 괴롭힘을 막고자 하는 움직임이 더 많으면 발생 가능성이 낮아진다고 한다.[17] 방관자들은 겉으로 학교폭력과 무관해 보이지만, 결국은 가해자가 학교폭력을 저지를 수 있는 환경을 조성했다는 점에서 책임으로부터 자유롭지 못하다.

대항할 수 없었던 피해자들

피해자들을 가장 괴롭게 하는 것은 그때 왜 바보같이 가해자들에게 대항하거나 방어하지 못하고 당하고만 있었나 하는, 자신에 대한 원망이다. 그러나 피해자가 가해자에게 대항하지 못하는 것은 지극히 당연하다. 어린 피해자는 처음 당하는 폭력에 당황스러워 어떻게 대처해야 하는지 방법을 모른다. 그는 스스로를 지킬 힘이 부족하다. 학교폭력은 힘의 불균형에서 비롯된다고 했다. 이미 힘의 우위에 있는 가해자에게 그보다 약한 피해자가 어떻게 대항할 수 있겠는가. 게다가 학교폭력의 역사에서 살펴보았듯이 학교폭력 문제가 제도권 내로 들어온 지는 몇 년 되지 않았다. 과거 학교폭력 피해자들에게는 신고할 수단도, 그들을 지켜줄 보호장치도 없었다.

'왜 부모님, 선생님께 도움을 요청하지 않았느냐'고 피해자에게

---

17 Antti Kärnä, Marinus Voeten, Elisa Poskiparta, Christina Salmivalli, 'Vulnerable children in varying classroom contexts : bystanders' behaviors moderate the effects of risk factors on victimization', Wayne State University Press, 2010.

묻는 사람들도 있다. 피해자들이 보호자에게조차 말하지 못한 첫 번째 이유는 수치심 때문이다. 어련히 학교생활 잘할 거라는 보호자의 기대를 저버리고 싶지 않아서, 그리고 단체생활에 적응하지 못한 낙오자라는 것을 스스로 인정하는 것 같아서이다.

두 번째는 자신이 당한 학교폭력을 보호자와 선생님께 도움을 요청해야 할 상황으로 인지하지 못해서이다. 과거 피해자들 역시도 폭력이 만연한 시대 상황 속에서 자신이 겪는 것이 폭력인지 알지 못했고, 어른들에게 도움을 요청해 봤자 나아지지 않을 것이라는 무력감도 피해 호소를 막는 데 한몫했다.

마지막으로는 보호자에게 걱정을 끼치고 싶지 않은 이유에서였다. 그들은 학교폭력을 그저 자신이 감내해야 하는 것으로 생각하고 학년이 끝나면, 학창 시절이 끝나면 해결될 것이라 여겼다.

적절히 대처하지 못한 어른들

설령 피해자가 용기 내서 보호자나 선생님에게 학교폭력 피해를 알렸더라도, 어른들의 적절치 못한 대처로 2차 피해를 입거나 학교폭력이 중단되지 않는 경우도 있었다.

학교폭력이라는 개념조차 잡히지 않았던 시절, 학교에서 일어나는 일들을 그저 애들 싸움으로 치부하고 대수롭지 않게 여기는 보호자들이 있었다. 그들은 "이제 곧 반이 바뀌지 않냐. 조금만 참아라", "어릴 때는 싸우면서 크는 거다"라며 피해자가 고통을 감내하도록 서툰 방식으로 조언했다.

피해자에게 더 큰 상처를 주는 교사들도 문제였다. 피해자 스스로 선생님에게 도움을 요청하거나 보호자가 나서서 자녀를 보호해달라고 했을 때 대수롭지 않은 문제로 여기고 무심한 반응을 보이는 교사의 태도에 피해자는 학교를 불신하게 되고 좌절감을 느낀다. 교사와 학교장이 학교에서 폭력을 묵인하고 학교폭력 문제를 경시할 때 학교폭력은 보다 빈번하게 일어난다는 사실은 관련 연구에서도 검증된 바 있다.[18]

이처럼 학교폭력은 복합적인 원인으로 인해 발생한다. 분명한 것은 어떤 시대적·환경적 이유를 들더라도 그 시작은 가해자에게 있다는 것이다.

물론 똑같은 시대적 상황, 환경적 조건에서 누구나 가해자가 되지는 않는다. 하지만 힘의 불균형을 악용해 피해자를 타깃 삼아 괴롭힌 가해자는 학교폭력의 발단이며, 마땅히 비난받아야 할 대상이다. 학교폭력은 피해자 자신이 통제할 수 없는 외부적 요인에 의해 발생한 것이다. 따라서 피해자가 수치스러워할 일이 아니며 적극적으로 대항하지 못한 자신을 원망할 필요도 없다. 다만, 학교폭력의 원인이 자신에게 있는 것이 아니라는 사실을 안 이상 과거의 트라우마가 현재의 자신을 괴롭히도록 방치하지 않기를 바란다.

18 허승희, 이희영. 「학교폭력의 학교 생태학적 요인과 대처 방안—미시체계와 중간체계를 중심으로」, 수산해양교육연구 vol.31(6), 2019.

학교폭력 그 이후

피해자에게 남은 학교폭력 트라우마

　학교폭력 변호사로 활동한 지 얼마 되지 않았을 때, 나는 신고 내지 어른들의 개입으로 학교폭력이 중단되고 가해자에 대한 징계가 내려지면 사건은 종결되며 피해자도 다시 일상으로 복귀할 줄로 알았다. 그러나 대다수의 피해자는 학교폭력이 중단되어도, 가해자와 분리되고 전학을 가도 여전히 심리적 고통을 겪었다. 그것을 보며 나는 학교폭력이 특정 시기의 사건으로 끝나는 것이 아니라 트라우마로 남아 오랫동안 피해자들과 함께한다는 것을 알았다.

　보건복지부의 실태조사 결과에 의하면, 전체 학교폭력 피해학생의 약 66%가 학교폭력 경험 이후 정신질환을 나타냈다.[19] 청소년기는 육체와 마찬가지로 인격과 뇌도 성장·발달하는 시기이다. 그런데 이 시기에 학교폭력을 당했을 때 피해자는 우울·불안·공포감·외로움·자존감 하락 등의 심리적 문제를 겪고 성적 저하와 대인관계에서의 어려움을 겪게 된다.

　2012년 6월 대한소아청소년정신의학회가 주최한 '학교폭력 근절

---

19 「의료기관을 방문한 학교폭력 피해자의 정신병리조사」, 보건복지부. 2001.

을 위한 정신건강대책 공청회'에서 서울대학교 의과대학 김붕년 교수는 "지속적인 학교폭력은 피해자에게 우울증과 불면증, 집중력 저하, 자살 충동 등 장기적이고 정신적인 후유증과 뇌 발달에 영향을 미친다.[20]고 말했다.

학교폭력 피해자들은 다음에서 설명할 문제들 중 전부 또는 일부를 겪고 있을지 모른다.

학교폭력의 정신적 피해와 후유증

• 자존감 하락

자존감이란 나의 있는 모습을 그대로 받아들이고 존중하는 마음을 의미한다. 관련된 연구들은 특히 피해자들이 일반 청소년에 비해 낮은 자존감을 갖게 된다고 이야기한다.[21]

학교폭력 피해자는 학교폭력의 원인을 자신에게서 찾곤 한다. 그들은 '내가 부족해서', '내가 못나서' 타깃이 되었다고 생각한다. 가해자들은 피해자를 괴롭히기 위해 트집거리를 잡고 이유 같지 않은 이유를 들어 폭력을 정당화하기 때문에, 피해자도 어느새 자신의 잘못 때문에 괴롭힘을 당하는 것으로 여기게 되는 것이다.

---

20 "왕따ㆍ자살... 정신건강의학과 의사가 제시한 해법은?", 의협신문, 2012.6.5.

21 고경은, 「청소년의 학교폭력 극복경험에 관한 연구」, 학교사회복지 vol.29, 2014.
최미경, 「아동의 또래 괴롭힘 및 자아존중감과 외로움 간의 관계」, 아동학회지 vol27(4), 2004.
Graham, S.H, Bellmore, A. & Mize, J.A., 'Peer victimization, aggression, and their co-occurrence in middle school: Pathways to adjustment problems.', Journal of Abnormal Child Psychology, 2006.

또한 피해자는 자신의 무능력을 경험하면서 자존감을 상실한다. 앞서 학교폭력의 발생 원인을 살펴보며 이야기한 것과 마찬가지로 피해자는 스스로를 지킬 힘이 부족하다. 아직 어린 학생에 불과한 피해자가 갑작스럽게 닥친 학교폭력에 어떻게 대처해야 할지 모르는 것은 당연하다. 그러나 피해자는 그저 자신이 나약해서 스스로를 지키지 못했다는 원망으로 자신을 비난하고 부정적으로 바라보게 된다.

• **불안 · 불안장애**

연구 결과에 의하면 학교폭력 피해자의 37.1%가 불안장애를 겪는다.[22] 피해자는 늘 알 수 없는 불안감을 느끼고 그것은 일상생활 전반에 부정적인 영향을 준다.

불안은 매우 복잡하고 다면적인 개념으로, 인간의 정서와 관련이 깊은데, 뚜렷한 원인이 없이 느끼는 초조 · 긴장 · 근심 · 걱정 · 두려움 등의 감정을 의미한다.

본래 불안은 뇌가 본능적으로 경고 신호를 보내서 위험한 상황이 반복되지 않도록 방어하기 위한 메커니즘이다.[23] 그러나 과도한 불안은 대인관계, 사회적 관계에서 어려움을 겪게 하고, 더 나아가

---

22 이지현, 「초기 청소년의 사이버불링 피해 경험이 우울 및 불안에 미치는 영향 : 발달자산의 조절효과」, 청주대학교 대학원, 2017. 14쪽

23 Bessel van der Kolk M.D., "The Body Keeps the Score: Brain, Mind, and Body in the Healing of Trauma", Penguin Publishing Group, 2015.

공황장애를 일으키기도 한다.

불안은 또한 외부적 행동이나 신체 증상으로도 나타나는데, 안절부절못하며 가만히 있지 못하거나, 자율신경계 기능이 항진되면서 심장 박동이 빨라지고 호흡이 가빠지는 등의 증상이 나타난다.

• 우울 · 우울장애

학교폭력 피해자의 29.5%가 우울장애를 경험한 것으로 나타날 만큼[24] 학교폭력은 피해자를 우울하게 만든다. 학교폭력에 노출될수록 청소년들에게 우울 증상이 높게 나타난다는 결과는 이미 여러 연구에서 확인된 사실이다.[25]

우울감은 누구나 느낄 수 있지만, 그것이 일시적으로 그치지 않고 2주 이상 지속된다면 우울증으로 볼 수 있다. 우울감은 사람을 무기력하게 만들고, 식욕을 저하해 음식을 먹지 않게 되거나 반대로 폭식을 유발하기도 한다. 우울감이 지속되면 머릿속이 멍해지고 잡다한 생각들이 맴돌면서 학업뿐만 아니라 매사에 집중하기 어려워진다. 신체적으로 나타나는 우울 증상은 두통, 손발 저림, 어지러움, 식욕 부진, 복통, 감각 둔화 등이 있다.

---

24 이지현, 같은 논문. 14쪽

25 이지현, 같은 논문. 14쪽

박지연, 「청소년의 학교폭력 피해 경험이 우울과 불안에 미치는 영향 : 자아탄력성의 매개효과」, 제주대학교 교육대학원, 2017. 12쪽

• 외상 후 스트레스 장애(PTSD)

외상 후 스트레스 장애란 교통사고, 전쟁, 범죄 등 평소 접하기 어려운 심리적·신체적 상처를 입은 경우, 공포감과 사건 이후에도 계속되는 재경험을 통해 고통을 느끼는 질환이다.

2023년 3월 한국학교정신건강의학회가 정신과 전문의들을 대상으로 한 설문조사의 결과에 따르면, 전문의의 84.6%가 학교폭력 경험과 외상 후 스트레스 장애가 연관성이 있다고 답했다. 학교폭력이 중단된다고 해서 트라우마 없이 일상으로 복귀하기는 어렵다는 것이다.

• 학습 능력 저하

학교폭력 피해자들이 겪는 공통적인 문제 중 하나가 학습 능력 저하이다. 학교폭력 경험은 학업 성취도에 영향을 주는데, 학업 성취도가 높았던 피해자일수록 성적 하락 폭이 더 크게 나타난다.[26] 우울감 등으로 집중이 어렵고 학교생활 전반에서 위축되다 보니, 학교생활의 기본이라 할 수 있는 학업에 영향을 받을 수밖에 없다. 한편 학교폭력으로 피해자의 뇌가 퇴행해서 지능 저하, 일반적인 사고의 저하를 일으키기는 경우도 있다. 하버드대학교 의과대학에서 어린 시절 언어폭력 등의 학교폭력을 당한 성인들의 뇌를

---

26 채창균, 류지영, 신동준, 「청소년의 학교폭력에 영향을 미치는 요인 분석 : 개인특성, 가정배경을 중심으로」, 한국직업능력연구원 vol16(1), 2013, 8쪽.

조사한 결과[27] 그렇지 않은 사람보다 '뇌들보'와 '해마'라는 뇌 부위
가 위축된 것을 발견했다. 뇌들보는 좌뇌와 우뇌를 연결해 주는
다리인데, 이 부위가 퇴행하면 양쪽 뇌의 정보 교류가 원활하지
못해 지능 저하와 사고 저하를 겪게 되는 것이다. 킹스칼리지 런
던King's College London의 연구에서도 학교폭력 경험이 있는 청소년
의 뇌에서 특정 부위가 쪼그라든 것이 발견되었고, 연구진들은
학교폭력이 뇌의 구조적 변화까지 일으킨다고 발표했다.[28]

실제 우리 사무실에서 상담했던 중학교 1학년 피해자는 전교 회
장을 할 만큼 영특하고 성적이 우수한 학생이었지만, 학교폭력
이후 종합 심리검사에서 경계선 지적 기능[29]으로 평가될 만큼 극심
한 학습 능력 저하를 겪었다.

• 자해, 자살 충동

자해는 분노 · 수치심 · 괴로움 · 자신에 대한 혐오 등 부정적인
감정을 자기 신체에 표출하는 것이다. 국내외 연구에 따르면 일
반 청소년보다 학교폭력 피해자의 자해 위험성이 약 2.44배 높게
나타난다.[30]

---

27 "어릴적 심한 욕설 들으면 뇌까지 평생 상처입는다", 동아일보. 2012.4.20.

28 "학교 폭력, 피해자 뇌 · 신체 변형…가해자 인생에도 '악영향'", YTN사이언스, 2019. 5. 7.

29 경계선 지적 기능이란, 표준화 지능검사에서 IQ 70~85 범위에 속하는 경우를 말한다.

30 이한주, 「학교폭력 피해경험이 우울에 미치는 종단적 연구: 자아존중감과 자아 탄력성의 매개
효과」, 한국학교보건학회지 vol30(3), 2017.

자해를 하면 신체적 고통을 느끼며 순간적으로 정신적 고통을 잊게 되는데, '베타—엔도르핀'이라는 신경전달물질이 스트레스를 해소하는 작용을 하기 때문이다. 베타—엔도르핀은 모르핀의 200배에 달하는 진통 효과가 있다고 하니, 그만큼 자해 행위에 중독되기도 쉬운 것이다.

학교폭력 피해자들이 자해를 하는 이유에는 학교폭력으로 인한 정신적 고통을 가시화하고 일종의 기록처럼 남기고자 하는 것도 있다. 자해란 그들의 슬픈 기록인 셈이다.

한편, 국내 청소년들의 사망 원인 1위는 자살일 만큼 청소년의 자살은 심각한 사회문제이다. 청소년들이 자살을 생각하게 되는 요인으로 학교폭력과 따돌림이 가장 높은 순위를 차지하기도 했다.[31] 잊을 만하면 청소년이 학교폭력으로 극단적 선택을 했다는 뉴스를 접하게 되는 데는 이유가 있는 것이다. 학교폭력은 끝내 피해자를 극단적인 선택으로까지 내몰 수 있다.

학교폭력 트라우마로 인한 신체적 변화

이와 같은 정신적 피해는 일시적인 감정 변화 때문만이 아닌 생물학적 메커니즘의 결과이기도 하다. 학교폭력 피해자들이 그저 나

---

[31] 김재엽, 이근영, 「학교폭력 피해 청소년의 자살 생각에 대한 연구」, 청소년학연구 vol17(5), 2010. 5쪽.
김정란, 김혜신, 「가정폭력 및 학교폭력이 청소년의 자살충동에 미치는 영향」, 보건사회연구 vol34(2), 2014.

약해서 트라우마가 오래 지속되는 것이 아니라는 뜻이다.

유니버시티칼리지 런던University College London의 연구 결과는 학교 폭력 및 괴롭힘의 경험이 일시적으로 감정에 영향을 줄뿐만 아니라 뇌를 망가뜨리기까지 한다는 사실을 보여준다.[32]

연구원들은 뇌의 부위별 활성화 정도를 보여주는 fMRI(기능성 자기공명영상장치)를 사용해 아동·청소년들을 대상으로 뇌를 스캔했다. 연구에 참여한 아이들은 겉으로는 특별한 차이가 없지만, 그들 중 몇 명에게는 신체적·정서적 폭력을 당한 경험이 있었다. 연구원이 실험 참가자들에게 화난 얼굴의 사진을 보여주었을 때, 폭력을 경험한 적 없는 아이들과 달리 폭력에 시달린 경험이 있는 아이들은 위협을 감지했을 뿐만 아니라 고통 예상에 관여하는 편도체 및 전측뇌섬엽의 활동 수준이 전투에 임하는 병사와 비슷한 정도로 올라갔다. 그들의 뇌에서는 진짜 위험과 가짜 위험을 구분하지 못하는 것이다.

학대받은 뇌는 과한 경계 모드를 유지해 다음 공격에 대비한다. 뇌는 괴롭힘이 실제 일어나는 현상인지, 자신이 단지 예측하는 것인지를 잘 구분하지 못한다. 따라서 폭력 상황에 대해 생각하거나 걱정하는 것만으로도 뇌가 공황 상태에 들어가게 되는 것이다.[33] 이런 현상은 만성 스트레스를 불러와 무기력증을 일으키고 뇌에 상당

---

32 제니퍼 프레이저, 정지호 역, 『괴롭힘은 어떻게 뇌를 망가뜨리는가』, 심심, 2023, 76쪽.

33 같은 책, 77쪽.

한 피해를 준다. 사람이 스트레스를 받으면 '코르티솔'이라는 호르몬이 분비되는데, 이 호르몬은 신체가 스트레스에 저항할 에너지를 만들도록 한다. 그러나 스트레스가 자주 반복되면 코르티솔을 분비하는 장기인 부신도 지쳐버리고, 결국 코르티솔이 고갈되어버린다. 이를 '부신 피로'라고 하며, 잠을 자도 피로하고, 불면증을 겪는가 하면 집중력 저하, 기억력 감퇴 등의 증상이 나타난다.

학교를 졸업해도, 성인이 되어도

이렇듯 또래가 가한 충격적인 폭력이 뇌 발달에 영향을 주고 정신적인 후유증을 남기다 보니, 피해자는 학교를 졸업하고 성인이 된 후에도 학교폭력 피해에 시달리게 된다.

한국학교정신건강의학회가 발표한 설문 조사에서 정신과 전문의의 62.7%가 학교폭력 피해자들이 성인이 되어서도 불안, 우울, 공황장애, 광장 공포증, 대인관계에서의 위축, 자존감 하락 등을 겪는다고 답했다.[34] 학교를 졸업하고 성인이 되면 나아질 것으로 생각했던 피해자들은 변함없는 트라우마에 좌절하고 때로는 출구가 보이지 않아 학창시절보다 더 괴로워하며, 생활 전반에서 후유증이 심화되어 어려움을 겪는다. 또한 만 19세 이상 27세 미만 성인 1,030명을 대상으로 설문 조사를[35] 한 결과, 학교폭력을 겪은 성인이

---

34 "정신건강의학과 전문의들이 본 학교폭력 피해자의 고통", 메디칼업저버, 2023. 3. 17.
35 박애리, 김유나, 「아동기 학교폭력 피해 경험이 초기 성인기 심리정서적 어려움 및 자살에 미치는 영향:대학생을 중심으로」, 청소년학연구 vol30(1), 2023.

극단적 선택을 시도할 가능성이 그렇지 않은 성인보다 2.6배나 높았다. 학교폭력을 경험한 성인의 54.4%는 극단적 선택을 생각해 본 적이 있고, 13%는 극단적 선택을 실제로 시도한 적이 있다고 답했다. 그들은 이유 없이 현기증이 나거나 가슴이 아프고, 숨쉬기가 거북하다는 등 신체화 증상을 호소했다.

피해자들은 길을 가다 우연히 가해자를 마주치거나, SNS에서 그의 모습을 보면 학교폭력의 기억이 어제 일처럼 생생하게 떠오른다고 한다. 자신은 이렇게 힘든데 가해자는 잘 살아가는 모습을 보며 분노와 복수심이 든다고도 했다. 그러나 기억의 반추는 부정적 경험을 지속하게 하고 피해자들이 현재의 삶에 집중하지 못하게 한다.

여기까지 피해자들이 겪는 문제를 상세히 나열한 이유는 단순히 학교폭력 후유증의 심각성을 보여주기 위해서만이 아니다. 학교폭력 피해자들에게 이러한 어려움이 혼자만 겪는 것이 아님을, 그리고 나약해서 겪는 것이 아님을 알리고, 학교폭력이 이 정도의 후유증을 남길 정도로 심한 재앙이라는 인식을 사회적으로 공유하기 위함이다. 이어서 올 2장에서는 학교폭력 트라우마와 후유증이 실제로 어떻게 나타나는지 피해자들과의 인터뷰를 통해 자세히 알아보고 그들이 트라우마를 극복한 계기가 무엇인지 살펴볼 것이다.

제 2 장

이 보 전진 일 보 후퇴, 그들의 이야기

오늘도 한 걸음
앞으로 나아간다

그래도 세상은
네 편이라고

바라는 것은
진심 어린 사과뿐
⋮

들어가며

   학교폭력 피해자에게 가장 현실적인 조언을 줄 수 있는 사람은 과거에 비슷한 경험을 겪었고 현재도 학교폭력 트라우마를 극복해 가고 있는 또 다른 피해자이리라 생각했다. 그리고 학교폭력 트라우마를 해결할 방법을 찾기 위해 피해자들의 극복과정에 어떤 공통점이 있을지 들여다보고 싶었다.

   이번 장에서 소개하는 6명의 피해자와 가족들은 예전 우리 사무실에서 의뢰인으로 인연을 맺고 함께 학교폭력 사건을 진행했던 분들이다. 인터뷰를 요청하고자 연락을 하기에 앞서 한 가지 걱정이 들었다. 그들은 과거를 잊고 사는데, 괜히 내가 그들의 기억을 들추는 것은 아닐까. 잔잔한 일상에 돌멩이 하나를 던지는 것은 아닐까.

   그러나 걱정이 무색하게도 그들은 예전보다 밝고 긍정적인 모습으로 현재를 살고 있었고 인터뷰 요청에도 흔쾌히 승낙해 주었다. 그들이 인터뷰에 응한 공통적인 이유는 다른 피해자들에게 조금이나마 도움이 되길 바란다는 마음이었다. 학교폭력 피해자들과 그 곁에서 함께 트라우마를 극복하기 위해 노력한 가족들의 이야기는 매우 생생하고도 절실함이 느껴진다.

이번 인터뷰를 통해 6명의 피해자들이 학교폭력 트라우마로 겪은 증세는 어떠했는지, 어떤 법적 절차를 진행했으며 실제 도움이 되었는지, 각자 트라우마 극복에 가장 도움이 된 요인은 무엇이었는지를 확인했다. 그리고 당사자가 아닌 가족의 입장에서 바라본 트라우마 극복 과정에 대해서도 서술했기에, 학교폭력 피해를 경험한 가족이 있는 분들에게도 도움이 될 것이다. 유사한 경험을 했던 분들에게는 위로와 공감을, 그리고 현재 어떻게 해결해나가야 할지 방법을 고민하는 분들에게는 조언과 용기를 제공할 수 있길 바란다.

오늘도 한 걸음 앞으로 나아간다

현재 고등학생인 수연이는 중학교 1학년 때 동급생 A, B로부터 수개월 간 신체 폭행과 골탕 먹이기 등의 따돌림, 금품갈취 등을 당했다. 견디다 못한 수연이는 2학기 무렵 용기를 내어 담임선생님에게 도움을 요청했다. 담임선생님이 A, B를 불러 사실인지 물었더니 A, B는 수연이를 괴롭힌 적이 없다고 거짓말했고, 이를 곧이곧대로 믿은 담임선생님은 수연이의 상황을 대수롭지 않게 여겼다. 수연이가 용기를 냈음에도 불구하고 학교폭력 사건이 어떠한 조치도 없이 흐지부지된 것이다.

수연이는 크게 실망했고 어른에게 도움을 요청해봐야 해결되지 않는다고 생각하며 입을 닫았다. 수연이 부모님은 학년 말이 되어서야 집에 놀러 온 친구들을 통해 수연이가 괴롭힘당했던 사실을 알게 되었지만, 어차피 상급반으로 진학하면 가해자들과 헤어질 것이니 괜찮을 거라고 생각해 신고를 하지 않고 넘어갔다.

학년이 올라가고 가해학생들과 다른 반이 되어 괜찮아 보였던 수연이는 3학년 때 다시 A와 같은 반이 되었고, 그와 한 공간에서 생활하며 학교폭력 트라우마가 수면 위로 올라왔다. 1학년 때 매듭지어지지 않은 학교폭력은 결국 현재진행형으로 또다시 수연이에게 다가왔다.

Q 부모님께서 보신 수연이의 학교폭력 트라우마 증상은 어떤 것
이었나요?

학교폭력 트라우마는 먼저 신체적 증세로 나타났습니다. 시야가 좁아지는 증세를 호소하고, 오른쪽 안면 근육에 이상이 생겼어요. 점차 오른쪽 팔과 다리가 저리는 느낌이 지속되었고 손바닥이 간지럽다며 피가 날 때까지 긁었습니다. 그러다 오른쪽 다리에 힘이 들어가지 않아 넘어지는 운동 장애도 발생했습니다.

당시에는 왜 이런 증세가 나타나는지 몰랐기에 뇌에 이상이 있는 건 아닌지 MRI 검사를 비롯한 다양한 검사를 받았지만, 신체적으로는 아무런 이상이 없었습니다. 결국 대학 병원에서 정신적인 문제가 원인인 것 같다는 소견을 냈고, 이후 타 대학 병원 정신과에서 진단한 결과 수연이가 보인 이상 증세의 원인은 바로 학교폭력 트라우마였던 것으로 판명되었습니다.

심리적 증세로는, 불면증과 악몽에 시달렸어요. 그리고 수연이가 특히 힘들어했던 것 중 하나가 대인기피였습니다. 수연이는 학교폭력을 겪은 뒤로 사람이 무서워 눈을 마주칠 수 없었고, 나중에는 단시간 외출이나 혼잡한 대중교통의 이용이

불가했습니다. 친한 친구들과도 어울리는 데 어려움을 겪고, 사람 만나는 것 자체가 수연이에게는 너무 힘든 일이 되어버려서 외출을 하면 울면서 집에 돌아왔습니다.

저희에게 가장 힘들었던 건 수연이 스스로 존재가치가 없다고 생각할 정도로 심각하게 자존감이 저하되고 자기혐오를 하게 된 것이었습니다. 이 때문에 수연이는 수시로 자해를 했고 급기야는 자살 시도까지 있었습니다. 가해학생을 보면 숨을 못 쉬는 공황장애 증세 때문에 늘 긴급 안정제를 지니고 다녀야 했고요.

Q 학교폭력이 발생하고 나서 2년여가 지난 뒤 학교폭력 신고를 하셨습니다. 신고를 결심하게 된 계기는 무엇이었나요?

수연이에게 학교폭력 트라우마로 인한 신체적·심리적 증상이 발현된 것이 중학교 3학년 때였습니다. 당시 수연이가 가장 신뢰했던 3학년 담임선생님께 먼저 자신의 증상이 어떤지, 그 이유가 무엇인지를 이야기했고, 담임선생님이 직접 상담을 진행하시거나 위Wee 센터[36] 상담을 연계해 주는 등 도움을 주셨어요.

---

36 위Wee 프로젝트는 학교, 교육지원청, 지역사회가 연계해 위기학생을 대상으로 학교생활을 지원하는 사업이다. 위 센터는 교육지원청에서 운영하고 있다. —편집자 주

담임선생님을 포함해 위 센터, 정신건강의학과 전문의 선생님 등 각 분야 전문가분들의 의견을 취합한 결과 수연이의 트라우마 회복을 위해서는 수연이가 가장 원하는 일, 즉 가해자의 사과 및 과거 정리가 필요하다는 결론이 나왔습니다.

그리고 담임선생님께서 수연이에게 학교폭력 신고는 나쁜 것이 아니라고 설득해 주신 덕분에 신고를 할 수 있었습니다. 당시 수연이는 신고에 대해 두려움을 느끼고 있었고 무언가를 새롭게 할 수 있는 마음의 여력이 없었지만, 선생님의 설득으로 사과를 통해 과거를 정리하는 것이 자신의 회복을 위한 유일한 방법이라 판단했고 결심 끝에 스스로 학교폭력 신고를 하게 됐습니다.

이처럼 어렵게 결심하고 학교폭력 신고를 했지만, 학교폭력대책심의위원회는 증거가 불충분해 학교폭력으로 보기 어렵다며 '조치 없음'의 결정을 내렸다. 이미 사건으로부터 약 2년의 시간이 흘러버렸고, 사건을 목격한 학생들의 기억이 분명치 않으며 가해자인 A, B가 사건을 일체 부인해 버렸기 때문이었다.

수연이 부모님은 조치 결과에 불복해 교육청에 행정심판을 청구했고, 교육지원청과의 치열한 다툼 끝에 마침내 학교폭력을 인정받을 수 있었다. 그리고 가해자들에게는 2호 처분에 해당하는 '피해학생에 대한 접촉, 협박 및 보복행위 금지' 조치와 함께 '특별교육이수' 조치가 내려졌다.

학교폭력 신고, 그리고 학교폭력 피해자로 인정받는 것이 수연이와 부모님께는 어떤 의미였을까.

Q 수연이가 당한 피해가 학교폭력대책심의위원회에서는 인정되지 않았다가, 행정심판에서 인정이 되었습니다. 이 결과가 수연이의 트라우마 극복에 도움이 되었나요?

매우 중요한 일이었다고 생각합니다. 교육지원청 학교폭력대책심의위원회에서 학교폭력으로 인정받지 못했을 때, 수연이는 어려운 결심 이후 다시금 깊은 상처를 입고 회복할 수 없을 정도로 심각하고 위험한 상황에 처했습니다. 도움을 받을 수 있을 거라는 기대와 달리, 믿었던 어른들에게 두 번째 학교폭력을 당한 느낌이었다고 수연이는 말했습니다. 학교폭력 피해자로 인정받지 못하니 보호조치도 전혀 받지 못했고, 대인기피 증세가 더 심해져 등교를 할 수가 없었습니다. 수연이의 자해 시도가 증가했고, 감각 이상 장애, 불면, 우울 증세도 더 심해져 갔습니다. 그래서 행정심판에서 학교폭력으로 인정받는 것이 더욱 절실했고요.

결론적으로 행정심판을 통해 수연이의 피해가 인정되고 가해자들에 대해 징계가 내려지면서 수연이는 트라우마를 극복하는 중요한 전환점을 맞이하게 되었습니다.

Q 학교폭력대책심의위원회 또는 행정심판에서 학교폭력으로 인
정받는다는 것은 어쩌면 행정적으로 인정받는 것에 불과할 수
도 있는데, 트라우마 극복에 어떻게 작용한 것일까요?

수연이에게는 자신의 피해를 어른들에게 인정받고, 자신을
믿고 도와주는 사람이 많이 있다는 사실을 확인하는 계기로
작용한 것 같습니다. 가해자들은 항상 거짓말을 했고, 그 거짓
말을 믿어주는 어른들의 도움을 받으며 오랜 기간 수연이를
고통스럽게 했으니까요.

하지만 가해자들의 말은 정말로 거짓이었고 그들의 행동 또
한 잘못되었다는 것을 행정적으로나마 인정받았다는 사실 자
체가 수연이의 트라우마 극복에 가장 크고 중요한 부분으로 작
용했습니다. 행정심판에서 학교폭력 피해 인정 및 가해자들에
대한 징계가 내려진 뒤 수연이의 회복은 무척 빨라졌습니다.

부모님은 수연이의 트라우마 극복을 위해 심리상담과 정신과 치
료 등을 장기적으로 지원했다. 그동안 학교 상담 선생님은 가해학생
A와 상담하며 A도 정서적 문제가 있었음을 확인했고 A는 자기 행동
이 왜 잘못되었는지, 그로 인해 수연이가 어떤 마음의 상처를 입었
을지에 대해 공감하는 시간을 가졌다. 상담 선생님의 적극적인 중
재 시도로 A는 수연이에게 뒤늦게나마 진심으로 사과했고, 행정심
판 과정에서 자신이 거짓말 했음을 밝히고 잘못을 인정하기도 했다.

Q 수연이의 트라우마 극복을 위해 심리상담, 정신과 치료 등이 이루어졌고 또 가해학생 중 한 명의 사과가 있었습니다. 돌이켜보면 수연이의 트라우마 극복에 가장 도움이 되었던 것은 무엇이었나요?

가장 큰 힘이 되어준 것은 수연이의 힘든 과거를 알고 격려해주던 친구들이었습니다. 대인기피증으로 친한 친구들과도 만날 수 없었던 시기가 있었지만, 항상 수연이를 기다려주고 믿어준 친구들이 트라우마 극복에 큰 역할을 해주었습니다. 또래로부터 받은 상처는 결국 친구들로 치유된다고 생각합니다.

두 번째 요인은 새로운 환경과 새로운 친구들을 만나게 된 것입니다. 다행히 고등학교 진학을 하면서 자연스럽게 환경이 바뀌고 새로운 친구들을 만날 수 있었는데, 수연이는 자신이 겪었던 학교폭력 경험을 숨기지 않고 공유했고 위로와 격려를 받으며 과거의 자신이 아닌 새로운 자신을 찾을 수 있었다고 합니다.

심리상담, 정신과 약물 치료만으로 근본적인 트라우마 극복은 되지 않지만 부모 입장에서 본다면 위 클래스 선생님이나 위 센터의 심리상담 · 조언 시스템의 도움이 매우 컸습니다. 또한 정신과 약물 치료는 자해 · 우울증 · 공황 장애 · 감각 이상 장애 · 운동 장애 증상을 줄일 수 있는 가장 기본적이자 필수적인 조치이기 때문에 트라우마 극복에 도움이 되는지의 여부를 떠나 필요한 부분이라 생각합니다.

가해학생 중 한 명이 사과하긴 했지만 수연이에게는 변명으로밖에 들리지 않은 것이 사실입니다. 다만 행정심판 도중 그가 사실을 고백해준 것은 부모인 저희로서는 고마운 마음이 있습니다. 그렇다고 수연이가 가해자를 용서한 것 같지는 않습니다.

Q 학교폭력이 발생하고 3년여의 세월이 지났고 학교폭력 피해를 인정받은 지도 1년여가 지났습니다. 수연이는 트라우마로부터 많이 벗어났나요?

되돌아보면 트라우마는 어느 한순간 벗어나거나 좋아지는 것이 아니었습니다. 수연이는 두 걸음 전진했다가, 한 걸음 뒷걸음치는 것을 반복하며 서서히 트라우마로부터 멀어져가고 있습니다.

그 과정에서도 어느 하나가 확 좋아지게 한 것이 아니고 앞서 언급한 것처럼 위 클래스와 위 센터에서의 심리상담, 약물치료, 행정심판을 통해 학교폭력 피해자로 인정받은 것, 가해학생의 사과와 사실인정, 친구들과의 상호작용 등 모두의 노력이 수연이에게 자신감과 용기를 주었으며, 그 속에서 수연이가 한 걸음 한 걸음 천천히 앞으로 나아간 느낌입니다. 아직 학교폭력을 겪기 전과 똑같은 모습은 아니지만, 수연이가 일상과 자신감을 되찾은 것은 분명해 보입니다.

Q 만일 가해학생들에 대한 징계가 2호보다 더 무겁게 나왔다면 학교폭력 트라우마 극복에 더 도움이 되었을까요? 아니면 징계의 경중은 크게 영향을 미치지 않는다고 보시나요?

가해학생에 대한 징계 조치는 트라우마 극복에 분명 긍정적으로 작용했습니다. 그러나 징계의 경중은 크게 영향이 없다고 생각합니다. 가해자에게 어떠한 징계가 내려지더라도 피해자로서는 가해자가 성실히 그 징계를 이행했는지, 징계를 통해 반성했는지 알 수가 없습니다. 가해자에 대한 징계 수위보다 중요한 것은 피해자로 인정받는 것과 피해자 보호조치입니다.

그리고 정말 어렵겠지만, 가해자와의 관계가 회복되는 것이 피해자의 트라우마 극복에는 가장 도움이 될 것 같습니다. 그러나 관계가 회복될 수 없다면 피해자로부터 가해자가 완전히 분리되는 것이 가장 좋다고 생각합니다.

Q 학교폭력 신고를 망설이는 부모님들께, 그 과정에서 힘든 점이 있다고 하더라도 신고를 하라고 권유하고 싶으신가요?

솔직히 이 질문에는 분명히 대답하기가 어렵습니다. 수연이는 행정심판에서 어렵게 피해자로 인정받았지만, 학교폭력대책심의위원회에서 어떠한 인정도 받지 못했을 때의 절망감과 상실감, 그리고 수연이의 상태를 생각한다면 쉽게 권유할 수가 없기 때문입니다.

　용기를 내어 학교폭력 신고를 했는데 학교폭력 담당 선생님이 "증거가 부족해 '조치 없음'을 받을 수도 있다"라고 말했던 것이나 학교의 소극적인 태도, 학교와 심의위원회에서 피해 진술을 반복해야 했던 그 괴로운 과정은 제자리걸음을 걷는 느낌이었습니다. 수많은 정황증거가 있음에도 '가해자가 사건을 부인하고 있고 CCTV 등과 같은 직접증거가 없다'는 말도 안 되는 이유로 학교폭력을 인정하지 않았던 심의위원회의 결과는 수연이와 저희 부모에게는 다시 떠올리기도 싫을 정도로 힘든 일이었습니다. 정말 수연이를 잃을 수도 있었던 크고 두려운 사건이었습니다.

　현재의 학교폭력 제도에서 피해자가 감내해야 하는 고통의 크기는 학교폭력으로 인한 상처의 크기만큼 큰 것 같습니다. 하지만 그 과정이 힘들다고 아무것도 하지 않으면 얻는 것 또한 아무것도 없습니다. 행정심판에서 수연이의 사건이 학교폭력으로 인정받은 덕분에 수연이의 트라우마 극복이 전환점을 맞이했고, 수연이가 피해자로서 보호조치를 받을 수 있었던 것처럼 학교폭력 신고는 더 나은 생활을 위한 첫 단계가 될 것입니다.

그래도 세상은 네 편이라고

"엄마, 아빠, 미안해요. 나 죽기 전에 엄마, 아빠한테 이야기는 하고 죽어야 할 것 같아서 나왔어요."

평소와 다름없던 어느 가을밤, 자정이 다 된 시간에 정현이가 방에서 뛰쳐나오며 말했다. 중학교 2학년이었던 정현이가 처음으로 학교폭력에 대해 부모에게 알린 순간이었다.

정현이가 학교폭력을 당하기 시작한 것은 가해자와 같은 반이 되었던 초등학교 4학년 때였다. 처음에 장난식으로 괴롭히던 가해학생은 정현이가 크게 저항하지 못하고 괴롭혀도 잘 내색하지 않는다는 점을 알고 학교폭력의 대상으로 삼았다. 5, 6학년 때에는 같은 반이 아니었음에도 정현이 반을 찾아오거나, 복도 등에서 마주치기만 하면 정현이를 괴롭혔다.

정현이가 이렇게 괴롭힘을 당하면서도 부모님이나 선생님께 말하지 못했던 이유는, 가해자가 자신이 괴롭힌다는 것을 주변에 알리면 죽이겠다고 수차례 협박했기 때문이었다. 정현이는 두려움에 떨면서 사실을 알리지 못한 채 수년간 괴롭힘을 당했다. 중학교에 진학하면 가해자에게서 벗어날 수 있을까 싶었지만, 같은 중학교에 같은 반까지 되며 가해자는 또다시 정현이를 괴롭혔다.

그러던 중 우연히 정현이가 괴롭힘 당하는 장면을 목격한 담임선생님이 가해자를 혼내자 가해자는 더 이상 정현이를 괴롭히지 않았다. 그렇게 학교폭력은 멈췄고, 2학년이 되어 가해자와 분반도 되었다. 그러나 정현이에게는 장기간 이어진 폭력의 후유증으로 가해자를 마주치거나 과거에 당했던 폭력이 떠오를 때면 호흡하기가 힘들어지는 등 신체적 증세가 나타나게 되었다. 정현이는 자살 충동까지 느끼는 수준에 이르러 자해, 자살 시도를 거듭했다.

이 모든 고통을 혼자서 감내하던 정현이는 더는 이 상황에서 버티지 못할 것 같아 결국 자신의 방 창문에서 뛰어내리기로 결심했다. 하지만 죽기 전에 마지막으로 부모님께는 이야기해야 할 것 같아서, 그렇게 거실로 뛰쳐나온 것이었다.

자초지종을 알게 된 부모님은 큰 충격에 빠졌고, 정현이를 지키기 위해 가해자를 학교폭력으로 신고했다. 학교폭력대책심의위원회에서는 학교폭력이 지속적이고 사안이 중대한 점, 정현이의 피해 정도가 심각한 점 등을 고려해 가해자에게 강제 전학 처분을 내렸다. 그러나 학교폭력이 멈추고 가해자에게 징계가 내려진다고 해서 정현이가 곧바로 일상으로 복귀하거나 학교폭력의 피해가 사라지는 것은 아니었다.

Q 정현이의 학교폭력 트라우마 증세는 어떤 것이었나요?

정현이는 가해자를 마주치거나 생각만 해도 그간의 기억이 떠올라 가슴이 답답해지고 호흡하기 힘들어했습니다. 저희 몰래 자해, 자살 시도를 했다는 것도 나중에 알게 되었습니다. 정현이를 가까운 정신과에 데리고 가니 정현이의 상태가 심각하다며 상급 병원으로 진료를 의뢰했고, 결국 대학병원 소아청소년정신과에서 진료를 받았습니다. 당시 정현이는 입원 치료를 받아야 할 정도였어요.

이어진 입원 치료, 심리검사, 심리상담을 통해 정현이는 외상 후 스트레스 장애와 우울장애 진단을 받았습니다. 정신과 상담 및 약물 치료를 받은 것은 2년여가 되어가고, 학교 위 클래스 상담 선생님에게 지속적으로 상담받고 있습니다.

Q 가해자에게 전학 처분이 내려졌는데, 중징계가 내려진 것이 정현이의 트라우마 치유에 도움이 되었나요?

당시 정현이의 바람은 가해자와의 분리였고, 강제 전학 처분을 통해 가해자를 마주치지 않을 수 있다는 점에 가장 크게 안심하는 모습을 보였습니다. 징계를 통한 분리 조치는 분명 트라우마 치유에 도움이 되었습니다. 부수적으로는 잘못한 사람은 벌을 받는다는 것을 보여주어 정현이에게서 사회에 대한 불신 등을 없앨 수 있었습니다.

가해자가 징계 조치에 따라 다른 학교로 전학을 간 후, 정현이 가족은 이에 그치지 않고 형사고소를 통해 경찰 수사 및 처벌을 요청했다. 정현이는 고소장 작성을 위해 학교폭력을 당했던 기억을 다시 떠올리며 구체적으로 정리하는 작업을 하고, 경찰에 가서 피해자 조사를 받으며 재차 진술해야 했다. 힘든 과정임에도 정현이 가족이 형사고소를 진행하게 된 까닭은 무엇이었을까.

Q 학교폭력대책심의위원회 이후 형사고소 과정을 거치며 정현이가 다시 기억을 떠올려 고소장을 작성하고, 경찰에서 진술한 일련의 과정이 트라우마 치유에는 어떤 영향을 미쳤을까요?

저희는 학교폭력 징계와 형사고소, 민사소송 진행을 통해 가해자에게 정당한 처벌이 내려져 조금이나마 정현이의 응어리가 풀어지기를 바랐습니다. 가해자는 자신의 행위가 상대방에게 얼마나 큰 상처를 주고 불쾌감을 주는지 인지하지 못하고 그저 장난이었다고 항변했습니다. 이런 생각이 얼마나 위험하고 잘못된 것인지, 학교폭력대책심의위원회와 경찰 조사 그리고 소년재판을 통해 깨닫고 반성하도록 하고 싶었습니다.

정현이는 가해자와 분리된 후 조금 안정된 모습을 보였지만 사실관계 정리를 하면서 예전 기억을 떠올리다 보니 심리적으로 불안을 느끼고, 연필로 신체를 찌르는 자해 행동을 보이기도 했습니다. 단기적으로 보면, 형사고소 절차는 매우 구체적으로 피해를 진술해야 해서 과거 회상을 통한 심리적 압박 및 우울증의 심화로 증상이 악화되는 부정적인 요소가 있었습니다. 그러나 장기적인 측면으로 보았을 때는 법적으로 가해자와 단절할 수 있다는 점과 만에 하나 가해자가 자신에게 보복할 경우 더 큰 처벌을 받게 할 수 있다는 사실을 인지하여 심리적 안정에 도움이 되었습니다.

가해자는 경찰, 검찰에서 범죄 혐의를 인정해 소년재판을 받게 되었다. 정현이 부모님은 범죄혐의가 인정된 내용을 바탕으로 가해자와 그의 보호자를 대상으로 민사소송 손해배상청구를 진행했다. 장기간의 치료에 필요한 치료비, 피해학생과 부모님의 정신적 피해에 대한 위자료 등으로 금전적 피해 회복이 조금이라도 이루어져야 함은 당연한 일이었다. 그런데 소년재판을 앞두고 가해자의 보호자가 우리 사무실을 찾아왔다. 민사소송 소장을 받고 그 위에 적힌 사무실 연락처와 주소지를 보고 찾아온 것이었다.

가해자의 보호자는 그동안 정현이 가족에게 사죄의 말을 전하고 싶었지만, 연락할 방법을 몰라 방법이 없었다고 했다. 그에게서 어떠한 변명이나 책임을 회피하려는 모습은 보이지 않았다. 평생을 속죄할 것이며 피해자와 피해자 가족의 안녕을 바란다는, 가해자의 보호자가 보여야 할 바람직한 모습을 보여주었다. 나는 정현이 부모님과 가해자 측의 만남을 주선했고, 정현이에 대한 가해자 가족의 대면 사과가 이루어졌다.

Q 정현이의 학교폭력 트라우마 극복을 위해서 이루어진 많은 일 중에 가장 도움이 된 것은 무엇이었나요?

가해자와의 분리 조치와 학교 위 클래스를 통한 지속적인 심리상담이 정현이가 안정감을 느끼는 데 가장 큰 도움이 되었습니다. 그리고 저희는 예전보다 정현이와 대화하는 시간을 많이 갖도록 노력하고 있습니다. 부모와 대화를 통해 자기 경험과 생각을 공유하는 것으로도 정현이가 많이 안정된 모습을 보이고 있습니다.

반면, 가해자의 사과는 정현이에게 약간의 위로를 주었으나, 트라우마의 전체적인 측면에는 큰 영향을 주지 않은 것 같습니다.

Q 학교폭력 신고를 망설이는 부모님들께 그 과정에서 힘든 점이 있다고 하더라도 신고를 하라고 권유하고 싶으신가요?

대부분의 피해학생들은 학교폭력의 경중을 떠나 버틸 수 없이 힘들어할 것입니다. 학생들은 아직 정신적으로 어리기도 하고, 관련 제도나 절차를 몰라 해결할 수 없는 문제라고 여기고 혼자 삭히고 힘들어하는 경우가 대부분이기 때문입니다. 따라서 당시에는 힘들지라도 부모님이 적극적으로 나서서 상황을 정리하고 해결해 주는 것이, 사건을 종결시키고 피해학생들에게 큰 도움이 되는 길일 것입니다.

바라는 것은 진심 어린 사과뿐

3년 전, 초등학교 1학년이었던 서준이는 동네 놀이터에서 집단 폭행을 당했다. 서준이를 공격한 것은 초등학교 2학년과 3, 4학년이 섞인 무리였고, 서준이와는 처음 보는 사이였다. 일회성으로 그친 폭력이었지만 어린 서준이로서는 6명의 형들에게 에워싸인 채 공격당한 것에 상당한 충격을 받았고 이로 인한 트라우마도 겪어야 했다. 다음은 서준이 어머니와 나눈 이야기이다.

Q 어머니께서 보신 서준이의 학교폭력 트라우마 증세는 어떠했나요?

사건을 겪기 전 서준이는 자존감이 높고 독립적이고 쾌활한 아이였습니다. 하지만 놀이터 사건 다음 날부터 불안·퇴행 증상을 보이기 시작했습니다. 저와 한시도 떨어지려 하지 않았고 아기 흉내를 내며 젖 먹는 시늉을 하기도 했습니다. 말투가 어눌해지면서 틱 증상을 보이기 시작했는데 알아들을 수 없는 소리를 반복적으로 내고 눈알을 굴리는 행동이나 얼굴을

찡그리며 다양한 형태의 음성 틱과 운동 틱을 반복했습니다. 결국 정신과에 내원해 '급성 스트레스에 의한 틱 증상과 퇴행 증상'이라는 진단을 받았습니다.

초등학교 1학년에 불과했던 서준이에게 그날 사건은 말로 표현할 수 없을 만큼 극도의 공포였을 것이다. 단 한 번 발생한 학교폭력도 어린 초등학생에게는 정신적으로 감당하기 힘든 경험이라는 것과 학교폭력이 어린 피해자에게 어떤 정신적 피해를 초래하는지를 잘 보여준다.

인터뷰를 진행하며 서준이 어머니는 6명의 가해자에 대해 학교폭력 신고를 하긴 했지만 처음부터 신고를 생각한 건 아니었다고 말했다.

Q 어머니께서 신고를 결심하신 계기는 무엇이었나요?

초등학교 저학년 아이들 간의 갈등은 성장 과정에서 빈번하게 겪는 일입니다. 이런 갈등을 아이들끼리 스스로 해결하지 못할 때 부모가 개입해 중재하게 됩니다. 학교폭력 문제가 발생했을 때 가해학생의 부모는 마땅히 아이에게 사과하는 법을 가르쳐야 할 것이고, 피해학생의 부모는 사과를 받아들일 줄

아는 포용력 있는 자세를 알려주는 것이 이상적인 해결책이라 생각합니다.

하지만 서준이가 당한 학교폭력 사건의 경우 가해학생 6명 중 진심으로 사과를 전한 학생은 단 2명이었고, 나머지 학생들은 모두 서로에게 책임을 전가하며 거짓말과 변명을 늘어놓기 급급한 모습을 보였습니다. 그 부모들 또한 자녀의 행동을 옹호하며 오히려 서준이를 탓하는 태도를 보였습니다.

서준이의 트라우마 치료를 위해 가해학생들의 진심 어린 사과는 꼭 필요했고, 입장이 다른 가해학생들에게 사과받을 수 있는 방법은 학교폭력 신고가 유일했기에 신고를 결심했습니다.

서준이 어머니의 학교폭력 신고를 통해 학교폭력대책심의위원회가 열렸지만, 심의위원회에서는 학교폭력이 아니라는 결론을 내렸다. 가해학생들과 그 보호자들의 거짓과 변명을 그대로 수용한 탓이었다. 일 대 다수의 상황에서 서로 말을 맞춘 가해자들의 손을 들어준 셈이다. 서준이 어머니는 심의위원회 결과에 대해 불복해 교육청에 행정심판을 청구했다. 그리고 교육청 행정심판위원회에서는 이 사건이 단순 놀이라 볼 수 없는, 다수의 상급생이 하급생을 집단 공격한 사건으로 인정해 가해학생들에게 1호 '서면사과' 징계를 내렸다. 과연 이 결과는 서준이의 학교폭력 트라우마 극복에 도움이 되었을까.

Q 심의위원회에서는 학교폭력으로 인정받지 못했다가, 행정심판에서 인정받으셨어요. 이 결과가 서준이의 트라우마 극복에 도움이 되었나요?

학교폭력대책심의위원회 결과는 가해학생들의 주장대로 '놀이로 인정', '학교폭력 아님'이었습니다. 이 결과를 전해 들은 서준이가 저에게 되묻더라고요. "나는 그 형들과 놀지 않았어요. 형들이 나를 괴롭혔는데 왜 사과를 하지 않아요?"

이 단순한 질문에 저희 부모는 행정심판을 청구하기로 했고, 결과적으로 피해를 인정받게 되었습니다. 서준이가 당한 괴롭힘은 놀이가 아니고 학교폭력이라는 행정심판의 결정을 듣고, 서준이는 드디어 형들의 사과를 받을 수 있게 되었다고 좋아했습니다.

처음에 학교폭력 대책심의위원회가 폭력을 놀이로 치부하고 아무런 조치를 내리지 않은 것은 가해학생 측에 면죄부를 준 셈이 되었습니다. 가해학생 부모들은 저희를 공개적으로 비난하며 학부모들 사이에서 여론몰이를 시작했고, 가해학생들은 아직 정신과 진료를 받고 있던 서준이의 주변을 맴돌며 자극했습니다.

이런 상황에서 행정적으로 학교폭력 피해를 인정받는 것은 우리 가족에게 매우 중요한 일이었습니다. 그것은 가해학생들의 행동이 '놀이'가 아닌 '학교폭력'이고, 서준이는 이들에게 괴롭힘을 당한 '피해학생'임을 공식적으로 인정받는 일이었습니다.

또한 가해학생에게 1호 서면사과 징계가 내려져 서준이는 드디어 원하던 사과를 받을 수 있게 되었습니다. 서준이가 처음부터 줄곧 원하던 것은 형들이 자신을 괴롭힌 것에 대해 진심 어린 사과를 해주는 것이었습니다. 이 징계조차 끝까지 이행하지 않은 가해학생도 있었지만 대부분이 진심 어린 사과 편지를 전달해 주어 서준이의 트라우마 치료에 많은 도움이 되었습니다.

Q 서준이의 학교폭력 트라우마 극복을 위해 시도하셨던 것들은 무엇이 있었고, 그중 가장 도움이 되었던 것은 무엇이었나요?

가장 먼저 한 일은 정신과 진료를 통해 아이 상태를 객관적으로 파악하는 것이었습니다. 의사 선생님의 권유로 심리치료를 본격적으로 시작했고, 1년이 넘는 긴 시간 동안 심리치료 선생님과 함께 소통하며 아이의 마음 상태를 체크하고 서준이 마음속에 있는 트라우마를 해소하기 위해 노력했습니다.

두 번째로 한 일은 서준이의 환경을 바꾸어 주기 위해 학교에 체험학습 신청을 하고 제주살이를 결심한 것입니다. 처음에는 한 달, 방학에는 두 달 넘게 계속 제주에 머무르며 서준이의 상처를 치유하기 위해 노력했습니다. 묵묵히 오름을 오르고 올레길을 걸으며 대화를 나누고 드넓은 바다를 매일 바라보며 그렇게 지냈습니다. 지구력을 기르고, 답답한 마음을 털어내고 넓은 아량을 가지려고 함께 노력했습니다.

그렇게 육지와 제주를 오가며 트라우마 치료를 위해 노력한 덕분에, 지금 서준이는 상처가 있기 전보다 더 단단해지고 속 깊은 아이가 되었습니다.

학교폭력 신고에서 행정심판 결과를 받기까지 1년여의 세월이 걸렸다. 도중에 가해학생 학부모들과의 분쟁도 있었다. 실제 학교폭력 신고 절차를 진행하면서 두려움, 버거움을 느끼는 보호자들이 많다. 서준이 어머니도 혹여나 학교폭력 신고를 후회하지는 않았을까. 이렇게 오랜 시간과 노력이 필요하다는 것을 알게 된 지금, 다시 그때로 돌아간다고 해도 신고를 선택할지 궁금해졌다.

Q 사건이 발생했을 때로 다시 돌아간다면 어머니는 똑같이 학교폭력 신고를 하셨을까요?

네. 저희는 무엇보다 서준이가 가해자들로부터 사과 받기를 원했기 때문에 힘든 과정을 견디고 끝까지 행정적 절차를 진행했습니다. 학교폭력대책심의위원회, 행정심판, 분쟁의 긴 과정 동안 서준이의 의사를 계속 확인했고, 사과를 받겠다는 서준이의 의지가 확고했기에 더 힘을 낼 수 있었습니다.

신고를 하게 된 또 한 가지 동기는 '문제가 발생했으면 어떤 식으로든 해결해야 한다'는 원칙적인 이유였습니다. 아이는 괴롭힘을 당하고 힘들어하는데 아무 일도 없었다는 듯이 괜찮다고 별일 아니라고 스스로 합리화시키며 생활을 이어나갈 자신이 없었습니다. 부모이기 이전에 어른으로서, 아이에게 이런 문제가 생겼을 때 어떤 방법으로 현명하게 문제를 해결해 가는지 보고 배우게 하고 싶은 마음도 컸습니다.

과정은 너무나 힘들었지만, 결과적으로 서준이와 우리 가족은 이 일을 해결하면서 많은 것을 배워나가며 뼈아픈 성장을 했습니다. 다시 과거로 돌아간다고 하더라도 저는 똑같은 과정을 밟았을 것입니다.

Q 1호 서면사과면 사실 가장 낮은 징계입니다. 만일 가해학생들에 대한 징계가 더 무겁게 나왔다면 서준이의 트라우마를 치유하는 데 더 도움이 되었을까요?

서준이 사건은 학교 내에서 지속적으로 폭력을 당한 것과는 다른 케이스라서 가해학생들에 대한 징계가 가벼운지 무거운지는 크게 상관없었습니다. 오히려 가해학생들이 진심으로 미안했다고 사과를 전달한 것이 트라우마 치유에 더 큰 영향을 주었습니다. 실제로 사건 후 2년이 지났을 때 뒤늦게라도 자필 편지를 통해 진심으로 사과한 학생이 2명 있었는데, 편지를 받은 날 서준이는 마음속 감정을 일기로 쓸 만큼 좋아했습니다. 서준이에게는 가해학생들이 어떤 처벌을 받는지보다 그들의 진정성 있는 사과가 가장 중요했고, 가해학생들의 사과를 받고 스스로 용서하는 과정을 거치면서 트라우마를 치유할 수 있었습니다.

Q 학교폭력 신고를 망설이는 부모님들께 그 과정에서 힘든 점이 있다고 하더라도 신고하라고 권유하고 싶으신가요? 그렇다면 이유는 무엇인가요?

가해학생이 진정으로 사과하기를 원하고 미안한 마음을 느끼고 있다면, 함께 아이를 키우는 같은 부모의 마음으로 사과를 받아들이는 넓은 아량을 아이에게 권유해보는 것이 가장 좋은 방법이겠습니다. 하지만 가해학생도 가해학생 부모도 전혀 반성을 모른다면 응당 학교폭력 신고를 하라고 권유하고 싶습니다. 자기를 힘들게 하는 부당한 일이 생겼을 때, 아이에게 가장 든든한 방패는 바로 부모님입니다. '부모님은 내 일에 이만큼 관심이 있고, 언제나 나를 지켜주는 버팀목이구나'라는 믿음을 자녀가 가질 수 있게 해야 합니다.

학교폭력이 일어났을 때 적극적으로 아이를 보호할 수단이 바로 신고라고 생각합니다. 가해학생에게도 피해학생을 괴롭히면 처벌을 받게 된다는 경각심을 심어줄 것이고, 피해학생을 지켜주는 든든한 부모님이 있다는 사실을 알고 더 이상의 피해를 주지 않도록 막는 방어적 수단도 될 수 있습니다.

즉 학교폭력 신고는 내 아이에게 세상을 살아갈 힘을 주는 든든한 지원군이 있다는 믿음을 주고 가해학생에게는 더 이상의 가해를 하지 못하게 막는 효과가 있으므로 권할 가치가 있다고 생각합니다.

여전히 같은 학교에서
생활할지라도

현재 고등학교 2학년인 연주는 원래 사교성이 좋고 성적이 우수해서 항상 주변의 많은 친구들에게 신임을 얻는 모범생이었다. 중학생 때 연주는 학교에서 모둠 활동을 할 때 많은 친구들로부터 함께 하자고 제안을 받는데, 그 친구들과 다같이 할 수 없는 게 고민일 정도로 즐거운 학교생활을 이어갔다. 그러나 행복했던 연주는 명문 사립고등학교 입학 후 같은 반에서 가해자를 만나며 크나큰 불행을 맞닥뜨렸고 죽음까지 생각하는 지경에 이르렀다.

가해자는 겉으로는 활달해 보이지만, 실은 거친 언행을 일삼는 학생이었다. 그는 말을 함부로 하고 자기 생각을 여과 없이 내뱉으며, 학생들 사이에서 분위기를 주도해야 직성이 풀리는 성격이었다. 가해자는 타깃으로 삼은 학생에게 친분을 빙자해 접근한 뒤, 친해졌다 싶으면 심부름을 시키고 비난을 일삼으며 자신의 스트레스를 해소하는 대상으로 삼았다 .

가해자는 학기 초, 같은 반 학생들 중 이타심이 강해 거절을 잘 못 하는 연주를 타깃으로 삼았다. 가해자는 연주에게 심부름과 금품 갈취, 언어폭력을 행사하고 주변 학생들과의 관계를 단절시켜 연주를 고립시켰다. 결국 연주는 1학기 내내 가해자에게 심리적 지배를 당했다.

학교폭력을 신고하기 전까지, 연주는 학교폭력에서 벗어나고자 한 가지 방법을 썼다. 바로 가해자가 말을 걸지 못하게 쉬는 시간과 점심시간마다 이어폰을 귀에 꽂고 책상에 엎드려 잠을 잔 것이다. 정상적인 생활이 될 리 없었다. 2학기에 들어 연주의 성적은 곤두박질쳤고, 매일 아침 등교하기를 힘들어 했다.

평소와 다른 연주의 우울한 모습을 보며 연주의 부모님은 연주에게 무슨 일이 일어나고 있음을 인지했고, 연주를 설득해 그동안의 일들을 비로소 알게 되었다.

Q 어머니께서 보신 연주의 학교폭력 트라우마 증세는 어떠했나요?

집에 돌아오는 연주에게 초등학교 때도 하지 않았던 질문들을 매일 합니다. "오늘은 별일 없었어? 밥은 먹었어? 왜 또 안 먹은 거야"같은 말을요.

드라마나 영화에서 가스라이팅 당하는 주인공을 보면 왜 굴레에서 벗어나지 못할까, 왜 저렇게 대응을 못 할까 생각했는데 제 딸이 겪는 상황을 보며 알았습니다. 심리적 공격과 지배는 한 사람의 마음을 혼란스럽게 해서 사고를 정지시키고, 위축되게 만듭니다.

연주는 사건에 대한 단기 기억 상실 증세를 보였어요. 생존하기 위해 무의식적으로 괴롭힘의 기억을 지워버린 것 같았습니다. 한참 시간이 지나서야 연주는 전에 말하지 않았던 괴롭힘에 대해 불쑥 이야기하곤 합니다. 의사 선생님 말씀으로는 너무 충격을 받고 문제가 해결되지 않은 채 계속되면, 실제로 뇌가 스스로를 지키기 위해 기억을 지운다고 합니다.

공부에 집중할 수 없어 성적이 떨어졌고, 책을 펴면 글씨가 뿌옇게 보이고 도통 글을 읽을 수 없었다고 해요. 공황장애 때문에 혼자서는 대중교통을 이용하지 못하게 되었고, 추운 겨울에도 한 시간이 넘는 거리를 걸어 다녔습니다. 그래서 연주는 방학 동안 학원도 모두 그만두고 집에만 있게 되었습니다.

연주는 가해자가 괴롭혔던 일들이 생각나면 잠을 이루지 못했습니다. 약을 먹고 겨우 잠이 들어도 악몽에 시달렸습니다. 자해도 했는데, 벽이나 책상을 주먹으로 쳐서 손등이 까지거나, 가슴이 답답하다며 추운 겨울에 반바지를 입고 맨발로 밖으로 뛰쳐나간 적도 있습니다.

Q 어머니께서 학교폭력 신고를 결심하신 계기는 무엇이었나요?

연주는 학교폭력 신고를 주저했습니다. 그런데 그동안 연주를 지켜보던 반 친구가 용기를 주었다고 합니다. 자신도 중학교 때 학교폭력을 겪었는데 신고했었다고, 신고는 나쁜 것이 아니라고요.

처음에는 학교에 사건을 알리고, 가해자가 사과하고 재발 방지를 약속하면 신고까지는 하지 않으려고 했습니다. 그런데 학교에서는 사건 자체를 문제화하고 싶어 하지 않는 태도를 보이며 해줄 수 있는 게 없다고 했고, 가해자와 그 부모 또한 사과는커녕 사건을 부인하기만 하는 것을 보고 학교폭력 신고를 했습니다. 가해자가 반성의 여지도 없고 학교도 연주를 보호해 줄 의지가 없어 보이는데 학교폭력 신고로 절차를 진행해야 연주를 지킬 수 있을 거라는 판단이 들었습니다.

그렇게 연주의 학교폭력대책심의위원회가 열렸고, 가해자가 모든 학교폭력 행위를 부인하는 상황이었지만 그래도 일부가 인정되어 가해자에게 중징계가 내려졌다. 일련의 과정과 징계 결과가 연주의 트라우마 치유에는 어떤 도움이 되었을까.

Q 학교폭력 신고 절차 및 징계 결과가 연주의 학교폭력 트라우마에 어떠한 영향을 미쳤나요?

학교폭력 신고 후 과정은 연주에게 전혀 도움이 되지 않았습니다. 신고 이후 학교 측의 태도 때문이었어요. 학교는 처음에 '증거가 없으니 신고해봐야 소용없다'라며 신고를 만류하더니, 신고 후에는 중립을 지킨다는 명목으로 연주에게는 주변 친구들에게 학교폭력과 관련된 일을 절대 발설하지 말라고 하고 학생들을 대상으로 사안 조사도 하지 않았습니다. 사실 확인을 위한 어떠한 노력도 기울이지 않았어요. 오히려 반 친구들이 학교에서 왜 조사도 하지 않냐며 자진해 진술서를 작성해 주었습니다. 연주는 학교나 교사들에 대한 믿음이 사라져 우울증, 공황장애가 더 심해졌고 자퇴까지 심각하게 고민했습니다.

Q 연주의 트라우마 극복을 위해 시도하신 방법들은 무엇이었나요?

학교폭력 신고 후에 학교에서 연결해 준 위 클래스 심리상담을 받았는데, 심리상담 교사가 오히려 '왜 가해학생에게 강하게 거부 의사를 표현하지 못했냐'며 피해자를 탓하는 식으로 상담을 해서 2회만 진행하고 그만두었습니다. 이후 연주는 정신과에서 상담과 약물 치료를 받으며 안정을 찾고 있습니다.

명문 고등학교라는 타이틀과 입시라는 민감한 문제 때문이었을까. 학교 측의 태도는 무척 실망스러웠다. 그들은 학생들의 입을 막고 그저 사건이 새어나가지 않게 하는 데 급급했다. 교사들의 소극적인 모습이나 상담 교사의 부적절한 표현 등이 연주에게 얼마나 상처를 주었는지 생각하면, 학교폭력 이후 어른들의 대처가 피해자의 학교폭력 트라우마에 미치는 영향이 매우 크다는 것을 알 수 있다.

연주는 2학년이 되면서 가해자와는 다른 반이 되었지만, 여전히 같은 학교에서 생활하며 이따금 마주쳐야 하는 실정이다.

Q 학교폭력 해결을 위한 절차가 끝난 이후 연주는 어떻게 지내고 있나요?

반은 분리되었지만, 학교 이곳저곳에서 계속 가해자를 마주쳐야 하는 상황입니다. 연주는 여전히 다른 친구들에게 비슷한 행동을 하는 가해자를 보는 것이 힘들다고 합니다. 하지만 주변 친구들이 연주 편에 서서 위로해 주었고 가해자와 마주치는 상황이 만들어지지 않도록 적극적으로 보호해 주고 있습니다. 이런 공감과 배려가 트라우마 극복에 가장 큰 도움이 되고 있습니다.

반면 가해자의 실체를 알게 된 학생들은 그를 가까이하지 않는다고 해요. 자업자득인 셈이죠. 연주는 예전처럼 가해자를 겁내거나 피하려고 하지 않고 정면으로 맞서려 합니다. 일부라도 가해자 앞에서는 위축되지 않은 당당한 모습을 보여주려 한다고 하니, 친구들 덕에 많이 강해진 것 같습니다.

Q 학교폭력 신고와 이후 절차가 연주에게 도움이 되지 않았다고 하셨어요. 그럼에도 신고를 망설이는 학생과 부모님들께 학교폭력 신고를 하라고 권유하고 싶으신가요? 아니면 만류하고 싶으신가요?

신고하라고 하고 싶어요. 결과적으로 연주에게는 학교 측의 태도가 더 상처가 되었지만, 만약 학교에서 학교폭력 문제를 민감하게 받아들여 신고 접수가 되었을 때 적극적으로 대처하는 모습을 보였다면 도움이 되었을 거예요.

연주가 말하길, 피해자에게 제일 필요한 건 학교폭력 문제를 편하게 공론화할 수 있는 분위기라고 합니다. 피해자가 문제를 회피한다고 상처가 치유되는 것은 아니에요. 비슷한 상황을 목격하면 자신이 겪었던 일들이 계속 떠오르고, 그 문제를 피했다는 생각에 자신이 더 힘들어져요. 그리고 신고를 해야만 가해자에게도 경각심을 주어 또 다른 피해자가 생기지 않게 하고, 학교에서도 사건을 공론화할 수 있습니다.

내 삶에서 가해자를 떠나보내며

스물네 살의 영은 씨는 중학교 2학년 때 학교폭력을 겪었던 피해자이다. 4명의 가해자는 언어폭력, 사이버폭력을 시작으로 영은 씨와 주변의 관계를 단절시키는 등 1년여 동안 따돌림을 가했다.

영은 씨의 경우 학교폭력을 겪었을 당시 그저 참기만 한 것은 아니었다. 학교폭력 신고를 해 가해자들에게 교내봉사 등 징계를 받게 했고, 형사고소도 진행했다. 그러나 이러한 징벌이 영은 씨의 학교폭력 트라우마를 해소하지는 못했다. 성인이 된 이후에도 이어진 트라우마에 괴로워하던 영은 씨는 가해자들에게 법적 책임을 물으면 해소되지 않을까 싶어, 2년 전 우리 사무실에 찾아와 상담을 요청했다. 가해자들을 대상으로 민사소송을 시도했던 그녀는 도중에 마음을 바꾸었고, 현재는 트라우마를 극복해가며 자신의 삶을 살고 있다.

Q 영은 씨가 겪은 학교폭력 트라우마 증세는 어떠했나요?

학교폭력을 경험한 이후 본래 제 모습과 성격은 사라져 버렸습니다. 대신에 학업 중단, 정신과 치료, 사회적·정서적 고립으로 지금까지 어려움을 겪고 있습니다.

구체적으로 말씀드리면, 먼저 저는 자살 및 자해에 대한 충동이 심하며 우울과 불안장애로 정신과 약물 치료 및 상담을 11년간 이어왔습니다. 청소년기에 타인과의 관계 맺기에 어려움을 겪었고, 사회적인 활동에 대한 두려움으로 많은 제약이 생겨 오랜 기간 외부 활동을 하지 못했고 진학도 미뤄졌습니다. 사람에 대한 두려움, 관계에 대한 공포도 크고, 특히 많은 사람이 있는 공공장소를 이용하는 것에 대한 공포가 심해 대중교통 이용 시 공황발작으로 쓰러져 실려가는 일들도 많았습니다. 3년 정도 입원 치료를 했고, 자해로 인해 성형외과 및 정형외과 치료도 받았습니다. 한번은 심한 자해로 피부 쪽에 큰 손상을 입고 손가락 인대 또한 손상되어 후유증이 남았고 이에 대한 재활 치료를 받고 있습니다.

Q 영은 씨는 학교폭력이 발생한 후 신고, 경찰 고소 등으로 가해자들이 소년재판을 받도록 했습니다. 이러한 절차가 트라우마를 극복하는 데 도움이 되었나요?

도움이 되지 않았습니다. 학교폭력이 발생했을 초기에 저는 2학년 담임선생님께 이 사실을 알렸습니다. 하지만 담임선생님은 가해자들을 먼저 불러 그들의 변명을 듣더니, 저에게 '네가 피해자인 척하는 거 아니냐', '친구들끼리 다툰 정도 아니냐'며 2차 가해를 했고 학교에 제가 학교폭력을 당하고 있다는 사실을 알리지 않았습니다. 그래서 3학년으로 진학하고 나서야 117(117 학교폭력 신고센터)에 신고했습니다.

학교폭력 신고 절차나 형사고소에서는 피해자가 사실을 증명해야 하는 순간이 너무 많았습니다. 피해자더러 증거를 찾아 증명하라는 요구가 몇 개월 동안 저를 괴롭혀 신고를 후회하기도 했습니다. 또 소년재판에서는 가해자들에게 내릴 수 있는 처분이 전과도 남지 않는 등 별다른 영향을 주지 않는다며 화해 조정 권고를 제안받았고, 어차피 큰 처벌이 내려지지 않을 것이라면 사과와 피해 회복을 위한 합의금이라도 받는 게 낫겠다 싶어서 화해 조정을 진행했습니다.

가해자들에 대한 징계는 사건 이후 많은 시간이 흐른 뒤에 내려졌고, 그들로부터 사과도 받았지만 안타깝게도 그것이 제 트라우마 극복에 도움이 되지는 못했습니다.

Q 만일 그때 가해자들에게 매우 중한 징계나 처벌이 내려졌다면 트라우마 치유에 도움이 되었을까요?

최근 학교폭력 가해자에 대해 강력한 처분을 내려야 한다는 등 의견이 분분하다는 것을 알고 있습니다. 그러나 학교폭력 피해자로서 생각해 보았을 때, 중징계 또는 처벌이 제 트라우마나 괴로움을 해결하지는 않았을 것으로 생각됩니다.

Q 학교폭력이 발생했을 때 어떤 식으로 조치가 취해졌다면 영은 씨의 트라우마 극복에 도움이 되었을까요?

제가 처음 담임선생님께 이야기 했을 때 학교에 전달되어 학교 측에서 그 사실에 대한 상황 파악을 확실하게 하고 빠르게 대처했어야 한다고 생각합니다. 담임선생님이 피해학생으로부터 사실관계를 확인하면 피해학생을 위한 지원이 바로 이루어져야 합니다. 그리고 가해학생에 대한 접근을 빠르게 차단하고, 후에 어떻게 절차를 진행할지는 학교와 관할 경찰서가 협력해 이루어졌다면 좋았을 것 같습니다. 또 학교 밖에서는 피해학생에 대한 정신 건강 지원, 법률 지원이 빠르게 이루어져야 했다고 봅니다.

Q 성인이 된 후 영은 씨가 민사소송 등 법적 절차를 진행하고자
하신 이유는 무엇이었나요?

학교폭력이 발생했던 당시에 사건이 제대로 해결되지 못했
고 그 이후 제 상황은 더욱 안 좋아져서 가해자들에게 책임을
묻고 싶었습니다. 저는 학교폭력 이후 전혀 생각하지 못했던
방향으로 삶이 바뀌어 버렸고, 고립과 은둔으로 사회적 경험
도 하지 못했을뿐더러 진로에 대한 목표도 이루지 못했습니
다. 그런데 가해자들을 보니 아무 어려움 없이 사회 활동을 하
고 있더라고요. 그들에게 이 모순적인 상황을 알리고 제대로
된 사과를 받고 싶은 마음이 컸습니다.

두 번째로는 금전적인 피해에 대한 보상이 필요하다고 생각
했습니다. 합의금을 받을 당시에 저는 이렇게 오랫동안 치료
를 받으며 비용을 부담해야 할지 예상하지 못했으니까요.

Q 민사소송 준비 도중 진행하지 않기로 마음을 바꾸었는데, 그 계
기가 있었나요?

변호사님이 이 사건은 오래전 일이라 실제로 제가 소송을 해
도 승소할 수 있는 확률이 아주 낮다고 말씀해 주셨어요. 처음
에는 승소 여부를 떠나 가해자들에게 그들의 행동으로 제가
얼마나 힘든지를 알릴 생각이었지만, 학교폭력으로 제가 이만

큼 치료비 등을 지급했다는 인과관계를 증명하는 과정 자체가 다시금 학교폭력을 신고했던 그 시기로 돌아가는 것 같아서 포기했습니다.

실제 소송을 준비하는 기간에 우울과 불안 증상이 더 심해졌고, 이에 따라 다시 입원하기도 했습니다. 언제까지 이 소송이 진행될지, 가해자들의 주장에 반박하는 과정을 제가 감당할 수 있을지에 대한 고민을 거쳤어요. 결론은 내가 법적 절차를 거친다고 완전히 이 고통과 과거의 생각을 씻어내릴 수 있는 것이 아니고, 오히려 과거로 더 깊이 빠져들게 된다는 것이었습니다.

그래서 저는 더 이상 가해자들의 삶을 들여다보지 않고 저 자신에게 더 집중하기로 결심했습니다. 이제는 정말로 과거의 기억이 아닌 현재의 삶을 살고, 스스로에게 더 많은 관심과 애정을 갖고 싶어졌습니다.

Q 그동안 영은 씨가 학교폭력 트라우마 치유를 위해 시도하셨던 것들은 무엇이 있었나요?

학교폭력을 당하고 있던 중학교 2학년 때, 너무 괴로워 도움 받을 방법이 있는지 혼자 알아보았습니다. 그러다 제가 살던 곳의 지역 보건소에 있는 정신건강 보건센터에서 상담받을 수 있다는 정보를 찾았고, 엄마에게 부탁해서 예약을 한 후 상담을 받게 되었습니다.

상담이 끝난 후 선생님은 제게 중증의 우울 증세가 있어 치료가 필요하다는 소견으로 지역 소아청소년 정신건강의학과 병원을 추천해 주셨어요. 그래서 다시 병원 예약을 잡고 종합적인 검사를 한 후 약물 치료와 상담을 받게 되었습니다.

약물치료를 시작한 덕분에 우울 증세가 다소 호전되어 학교로 돌아갔지만, 가해자들의 추가적인 괴롭힘이 이어져 이때 학업을 완전히 중단하고 집과 병원만 오가게 되었습니다. 이후 저는 검정고시를 본 뒤 고등학교 진학을 하고 싶었으나 아직 가해자들과 같은 지역에 살고 있었기 때문에 가해자들이 다니는 고등학교에 진학하지는 않을지 두려움이 컸습니다. 당시 취미로 하고 있던 미술과 관련해 미술 선생님이 예술 고등학교를 추천해 주셨고, 진학 문턱까지 갔지만 우울과 불안장애로 학교로 돌아가는 것이 두려워 결국 포기했습니다.

이렇듯 저는 진로에 대한 꿈을 접어야 하는 현실에 많은 좌절을 겪었지만, 열일곱 살부터 지역 동물보호 시민 단체에서 활동하면서 사회적 약자에 대해 돌아보고 공감하게 됐습니다. 이때의 경험은 제가 겪은 상처를 치유하는 데 큰 도움이 되었습니다. 제가 할 수 있는 것들을 찾고, 제가 할 수 있는 것들이 세상에 도움이 되는 경험을 할 때 신기하게도 제가 더 힘을 낼 수 있었습니다. 실제로 동물보호단체에서 활동하면서 구조한 아이들이 제 소중한 가족이 되기도 했고 많은 기쁨과 행복을 느끼게 됐습니다. 그런 와중에도 치료는 중단하지 않고 조금 더, 조금 더 좋아질 순간이 오기를 바랐습니다.

또, 열여덟 살이 되던 해에는 용기를 내어 대안학교에 입학했고 그곳에서 약 1년간 제가 하지 못했던 일들을 시도해 보았습니다. 또래 친구들과 소통하고 관계를 맺고, 나의 힘듦을 공유하는 연습을 했습니다. 친구들과 여행을 다녀보기도 하고 싸워보기도 하면서 관계에 대해 연습했고, 여러 대외 활동도 했습니다.

대안학교를 졸업한 뒤에는 좀 더 활동적으로 변화해서 운동을 시작했고, 곧이어 그것은 답답함과 불안을 해소하는 하나의 통로가 되었습니다. 또 청년 작가 단체, 예술 단체에서 활동하며 제가 겪었던 아픔을 꾸준히 기록하기도 했습니다.

저는 제가 겪었던 사건, 감정, 기억과 트라우마가 완전히 없어지기를 원하기보다는 제 인생의 일부로 받아들이고 서서히 멀어지려고 노력하고 있습니다. 가장 많이 노력하고 있는 부분은 정신 건강에 대한 치료인데, 병원 치료만이 아니라 일상에서도 지금 나에게 가장 중요한 것은 어떤 것인지, 현재를 살아가기 위해 무엇을 해야 하는지를 중요하게 생각하고 행동으로 옮기고 있습니다.

물론 처음부터 이런 생각이 들었던 것도 아니고 곧장 실천할 수 있었던 것도 아니었습니다. 오랜 기간 정말 많은 좌절이 저를 바닥으로 몰아붙였고, 무수히 실패하고 포기하며, 다시는 행복해질 수 없을 거라고 단언했던 시기가 길고 길었습니다. 트라우마를 극복할 수 있으리라 확신한 적은 한순간도 없었던 것 같아요. 그저 하루를 넘기고 하루가 잘 넘겨지면 좀 더 살아지고 그렇게 여기까지 온 것 같습니다. 정말 힘들고 어려웠을 때는 제가 지금 나이까지 살아있을 거라고 생각조차 하지 못했어요. 전 스물세 살 이전에 죽을 거라고 확신했었거든요.

트라우마 극복을 위해서는 가해자들의 일상을 곁눈질하며 그들보다 더 나은 삶을 살아야 한다는 마음을 버려야 하는 것 같습니다. 일상에서 얻는 작은 성취와 행복이 저를 현재에 살게 하고, 제 옆에서 저를 진심으로 응원해 주는 이들이야말로 제 삶에서 가장 중요한 사람들이기 때문이에요. 저는 가해자들이 아닌, 제 소중한 사람들에게 집중하려고 합니다.

Q 영은 씨가 학교폭력 트라우마를 극복하는 과정에서 가장 도움이 되었던 것은 무엇이었나요?

자신에게 집중하는 것, 지금을 꾸준히 살아가는 것입니다. 그리고 과거의 자신을 보듬어 주고, 자책하던 저를 용서해 준 것이 도움이 됐습니다.

아직도 그들이 했던 행동과 말, 욕설들이 기억에 있어요. '내가 잘못해서 당하는 게 아닐까?'하고 자책하거나, '내가 만약 이렇게 했더라면 달라졌을까?'라고 곱씹던 시간에서 벗어나저 스스로를 보살피고 과거의 자신을 위로하고 알아주는 게 가장 큰 것 같습니다.

　요컨대 객관적으로 사건을 바라보고 과거의 기억들을 제 삶과 분리해서 현재의 인생을 살아가는 것이 트라우마 극복에 가장 큰 도움이 되었다고 할 수 있습니다.

Q 부모님을 포함한 가족과 주변 사람들이 어떻게 도와줬을 때 학교폭력 트라우마 치유에 도움이 되었나요?

　부모님은 제가 어떤 상황에 부닥쳐 있어도 늘 제 옆에서 "괜찮아, 우리가 옆에 있을게"라고 말해주셨고 실제로도 그렇게 행동해 주셨어요. 어른들은 정신건강의학과에 대한 편견이 있을 수도 있잖아요. 그런데 부모님은 한 번도 그런 내색 없이 묵묵히 옆에서 저의 치료 과정을 함께해 주셨습니다. 제가 자해했을 때도, 입원했을 때도 한 번도 저를 탓하거나 잘못했다고 말씀하신 적이 없었어요. 힘들면 늘 이렇게 함께하자고, 언젠가는 좋아질 거라고 해주셨습니다.

　주변 친구들이나 지인들도 저를 아픈 아이, 우울한 아이라고 생각하기보다는 그냥 저 자체를 바라봐 주었습니다. 편견 없이 저를 대해 주는 것이 도움이 된 것 같습니다.

Q 사적 복수 또는 학폭 미투 등으로 과거 학교폭력을 해결하려는 분들이 있습니다. 혹시 영은 씨도 이런 방법을 생각해 보신 적이 있으신가요?

네, 저도 생각해 본 적이 있어요. 제가 생각했던 방법은 학폭 미투였습니다. 가해자 중 한 명이 저와 계속 같은 지역에 살며 근처 병원에 근무하는데, 그가 주변 사람들로부터 정말 좋은 사람이라는 평을 듣는다는 걸 알게 된 때였어요. 그 병원이 어쩌면 제가 공황 발작 등으로 쓰러질 때 실려 갈 병원이 될 수 있으리라는 분노와 불안, 가해자를 마주치면 어쩌나 하는 두려움으로 그의 과거를 폭로하고 싶다는 생각을 한 적이 있었습니다. 그러나 제 도덕적 가치관과 맞지 않는 일이고 그런 생각을 할 때마다 알 수 없는 불쾌함과 죄책감이 들어 생각을 접었습니다. 그리고 사적 복수는 제가 그것을 결심하는 순간 제 삶도 무너지리라는 것을 알고 있었기 때문에, 그리고 더더욱 제 도덕적 가치관에 부합하지 않아서 아무리 감정적인 순간일지라도 생각해 본 적이 없습니다.

Q 사전 대화에서 영은 씨께서는 온전히 자신의 삶을 살기 위해서는 가해자를 인생에서 내보내야 한다는 생각을 했고, 이제는 용서와 무관하게 가해자가 그다지 중요한 존재가 아니게 됐다고 말해주셨어요. 이렇게 인식의 전환을 하게 된 계기나 전환점이 있으셨나요?

어느 순간 제 모습을 보니 만신창이가 되어 있었어요. 자해로 인해 팔, 다리, 발목, 손, 발…… 어느 한 부분 성한 곳이 없었고 무엇보다 제 정신 건강이 너무 안 좋았습니다. 그때 인생 처음으로 현재를 살고 싶다는 생각이 들었어요.

이를 위한 첫 번째 시도로 관계를 정리해 보았습니다. 저는 관계 맺기에 두려움이 있어서 한 번도 누군가에게 거절이나 싫은 소리를 해본 적이 없었거든요. 그렇게 싫든 좋든 애써 이어왔던 모든 관계를 되돌아보고 저를 불편하게 하는 인간 관계를 정리했습니다. 그리고 저를 어떻게 보든지 신경 쓰지 않고 힘든 점이나 털어놓고 싶었던 이야기들을 솔직하게 말하기 시작했고, 제 주변의 소중한 사람들은 그것을 들어주고 이해해 주었습니다.

가해자들에 대한 곁눈질도 모두 멈추었습니다. 가해자들의 근황을 들을 수 있는 모든 창구를 막았고 주변 사람들에게 알려주지 말아 달라고도 부탁했어요. 우연히라도 보게 될 가능성이 있는 SNS도 전부 탈퇴했습니다.

그 다음엔 현재 제가 해야 할 것이 무엇인지를 생각했습니다. 저는 멈춰 있던 시간이 길었기 때문에 남들보다 더 잘해야 한다는 강박이 있었어요. 그 때문에 많은 양의 진정제를 먹어도 잠을 잘 못 잤고요. 끼니도 거르고 늘 커피만 마시고 위가 안 좋아져 자주 토하기도 했습니다. 그래서 저는 가만히 멈춘 채로 지금 저한테 가장 필요한 것이 무엇인지 알아채려고 애

썼습니다. 그리고 나서는 저를 돌보는 것에 집중했고, 잘하지 않아도 된다고 저를 안심시켰어요.

좀 교과서적인 말이긴 한데, 몸도 마음도 우선 잘 먹고 잘 자야 뭐든 할 수 있으니까 잠들기 전 수면의 질을 높이는 루틴을 만드는 데 신경 쓰고 잘 먹는 것에 집중했어요. 집에 있더라도 편히 쉴 수 있는 환경으로 만드는 등 마음을 편하게 만드는 것에 집중하고요.

이렇게 노력하다 보니, 제가 언제 무엇을 하는지 남들과 비교하는 것이 중요하지 않다고 생각하게 되었습니다. 제 존재 가치는 누구도 정의할 수 없으니까요. 물론 항상 이런 마음을 유지할 수는 없지만 생각이 많이 유연해지고 건강해졌고 그만큼 행복도 커지고 있어요. 그러면서 이제는 의식하지 않아도 가해자들의 삶을 중요하지 않게 여기게 되었습니다. 언젠가는 그들을 용서할 수 있을지도 모르겠네요.

이렇게 인식이 바뀐 후로 저는 확연히 달라졌습니다. 이제는 더 이상 보호 병동에 입원하지 않게 되었고, 자해로 인해 응급실에 간 지도 오래 되었어요. 먹는 약도 줄고 병원에 가는 횟수도 줄었고요.

현재의 내가
과거의 어린 나를 구했다

혜정 씨는 스물여섯 살의 멋진 사업가이다. 지금은 과거의 상처를 상상하기 힘들지만, 그녀는 2010년부터 1년간 자칭 교회라 이름하던 종교시설에서 괴롭힘을 당했다. 당시 열아홉 살이었던 가해자는 목사의 아들로, 미성년자 교인들이 소속된 청소년부에서 지도자 역할을 했다. 그때 혜정 씨는 초등학교 6학년이었고 청소년부에서 가장 막내에 위치했다.

일곱 살 때부터 온 가족이 함께 다녔던 교회에서의 괴롭힘은 가해자가 해외 유학에서 돌아와 청소년부의 지도자 역할을 맡으며 시작되었다. 가해자는 마치 자신이 목사인 것처럼 제멋대로 설교하며 청소년부 학생들에게 절대적인 순종과 복종을 요구했다. 그는 항시 야구 방망이를 들고 다니며 자신의 마음에 들지 않으면 위협을 했는데, 기도를 열성적으로 하지 않는다든가, 신앙심에 의심이 든다는 이유가 대표적이었다. 또 자신에게 복종하지 않으면 '마귀의 역사를 받은 사람들'이라고 하며 다른 학생들과 말을 섞지 못하게 하고 무시하는 등 따돌림을 주도했다.

가해자는 어느 날 자신의 설교에 의문을 제기했다는 이유로 혜정 씨를 청소년부에서 제명했고, 교회 신도들에게 혜정 씨가 마귀에 씌었다고 소문을 내며 따돌리기 시작했다. 학생들은 혜정 씨와 조금이라도 대화하거나 어울리면 가해자에게 미움을 받을 것이 두려워 말 한마디 섞지 않았다. 어른들마저도 혜정 씨를 '어린 나이에 변질한 아이', '타락한 아이'라며 못된 아이 취급을 했다.

가해자가 이처럼 군림할 수 있었던 것은 우선 그가 종교 지도자의 아들이었고 교인들 모두 지도자에게 절대적으로 순종했기 때문으로, 또래는 물론 어른들까지 가담한 최악의 따돌림이었다.

1년 뒤 스무 살이 된 가해자는 중학교 1학년인 혜정 씨에게 "하나님이 말씀하시기를 네가 너무 싫으시대. 넌 너무 악하고 타락한 아이래"라며 정서적 학대를 가했고, "내가 영적으로 너를 보았는데 네가 하나님의 길과 사탄의 길 중에 어디로 갈지 기웃거렸다"라며 청소년부 학생들 앞에서 무릎 꿇고 회개하라고 강요했다. 그는 어린 혜정 씨에게 스스로 죄인이 되었다는 생각이 들게 했고, 그 때문에 혜정 씨는 또래 학생들 앞에서 1시간 동안 한 사람 한 사람에게 무릎을 꿇고 울며 용서를 구하는 행위까지 해야만 했다.

혜정 씨는 교회를 그만두거나 자신의 가해를 발설하면 지옥에 간다는 가해자의 협박 때문에 교회를 관두지도 못했다. 그러다 부모님이 해당 교회가 일반적인 교회가 아니라 이상한 종교시설이라는 것을 깨닫고서야 비로소 빠져나올 수 있었다.

Q 혜정 씨가 겪은 폭력의 트라우마는 어떠했나요?

제가 이 일을 겪은 것은 열세 살에서 열네 살 때의 일이었습니다. 모든 괴롭힘을 씩씩하게 견뎌내었다는 제 믿음과 달리 그것은 차츰차츰 저의 일상생활과 학교생활, 성격 모두에 영향을 미치기 시작했습니다.

비정상적인 종교 생활을 관두고 학교에 가면 저도 정상적인 삶을 살 줄 알았는데, 괴로움도, 고통도, 심신의 아픔까지 다 혼자서 지고 가야 할 몫이 된 것만 같아서 늘 목숨을 끊을 생각만 들었습니다. 학교 친구들은 착했고 저를 잘 대해 주었지만, 저는 상처가 다 아물기 전에 다른 관계를 맺기가 힘들었습니다. 깊은 상처와 허물어진 자존감으로 다른 친구들이 접근하지 못하게 봉쇄하듯이 살았습니다. 1년 동안 저의 목소리를 들은 친구들이 없을 정도였어요.

중학교 2학년이 되었을 때도 여전히 사람과의 관계에 적응하지 못했습니다. 선생님이 저를 부르기라도 하면 가해자가 저를 불렀을 때가 생각이 나 심장이 주체할 수 없이 뛰었고, 하루하루가 '사는' 게 아니라 '버티는' 과업처럼 느껴져 항상 불안하고 긴장된 상태로 살았습니다. 그때의 제 모습을 지켜본 한 친구가 훗날 저와 친해지고 말해주기를, 당시 저의 모습이 자기가 본 사람 중에서 제일 어두웠다고 합니다.

그 다음 해에야 비로소 저는 친구들을 사귀었습니다. 교회에서의 기억이 생생하게 떠올라 괴로움을 이겨내는 것도 힘들었는데 그래서 친구는 제게 사치라고 느껴졌는데, 친구들과 처음으로 놀러 다니고 처음으로 맛있는 것을 먹고 친구네 집에서 놀아보니 다른 생각이 들었습니다. '나도 평범한 중학생이었다면, 그런 기억이 없었더라면 조금 더 일찍 행복해질 수 있지 않았을까?' 하고요. 한편으로는 교회에서의 경험 이후로 불안감과 긴장감에 시달리는 게 당연한 것처럼 살았던 저와 달리 평범하게 사는 다른 친구들의 모습이 부러웠습니다.

그래도 그 시절은 마음의 문을 닫은 채로 2년이나 흘려보낸 저에게, 이제는 마음을 열어도 된다고 말해주는 것만 같았던 시기였습니다. 그래서 그때 용기를 내어 울었고 힘들다고 표현했습니다. 그렇게 간신히 털어놓으니 정신과 치료까지 받을 수 있었습니다. 처음 정신과 치료를 받았을 때는 너무 기뻤습니다. 말을 하니까 상처가 치유되는 것 같아서, 매일매일 오고 싶다고 느낄 만큼 기뻤습니다. 그런데 참아왔던 것이 한 번 터지니 아픈 감정들도 되살아나기 시작했습니다.

하교할 때면 집에 들어가지 못하고 계단에 앉아 울었고 집에 와서도 늘 울었습니다. 수학여행 때도 친구와 죽음에 대한 얘기를 했습니다. 친구는 저를 말렸지만 저는 한계에 부딪혔고 모든 걸 내려놓은 채 쉬고 싶었습니다. 그리고 고등학생이 된지 3일 만에 자퇴 신청을 하게 되었습니다.

인생의 무게가 너무나도 힘에 부쳤습니다. 가해자로부터 당한 일들은 제가 감당하기 어려운 시기에 벌어진 일들이었고, 시간이 흘러도 저는 심리적으로 위축된 채 살아가고 있었습니다. 깊고 깊은 후유증처럼, 절대 지워지지 않는 흉터처럼, 기억이 흐릿해져도 피해의 잔상은 계속해서 제게 남아있었습니다.

그러던 어느 날, 저는 문득 5시간 동안 내리 울음을 터뜨리고 있던 제 모습을 발견하게 되었습니다. 오랜 시간이 지나도 어릴 적의 기억은 너무나 강렬했습니다. 기억이 흐릿해진 자리에는 수치심, 굴욕감, 모욕감, 무력감, 비참함과 슬픔이 아주 깊게 스며들었습니다. 폭언과 괴롭힘, 무시, 경멸하는 듯한 그 눈초리들, 무릎을 꿇고 처참하게 용서를 빌어야 했던 그 기억들은 단순히 '잊는다'는 차원의 문제가 아니었습니다.

혜정 씨는 이렇게 긴 시간 동안 트라우마에 시달리다가 스물한 살이 되어 뒤늦게 가해자를 대상으로 형사고소를 했다. 혜정 씨가 고소할 수 있었던 것은, 가해자의 행위가 단순 폭력이 아닌 어린 아동을 대상으로 한 정서적 학대에 해당해 혜정 씨가 성인이 된 날로부터 공소시효가 진행되었기 때문이다.

혜정 씨는 형사고소를 진행하며 트라우마를 극복할 수 있었고, 현재의 삶에 집중하면서 정부의 청년 지원 프로그램을 통해 창업의 기회도 얻을 수 있었다고 한다. 어떻게 형사고소가 그 오랜 시간의 트라우마를 극복하도록 했을까.

Q 혜정 씨가 고소를 결심하게 된 계기는 무엇이었나요?

저는 원래 제가 겪었던 일이 무엇인지를 명확히 알지 못했습니다. 그러다가 우연히 아동에 대한 정서적 학대를 다룬 기사를 보고 '이건 내가 겪었던 것과 비슷하다. 내가 겪은 건 범죄이자 폭력이었구나'라고 깨닫게 되었습니다.

5시간 동안 내리 울었다고 말씀드렸잖아요. 제가 심리상담을 안 받아본 것도 아니고 친구들에게 '나 이런 일을 겪었어'라고 토로를 안 해본 것도 아닌데 눈물이 멈추지 않더라고요. 그러다 보니 '내가 여기서 고소를 하지 않고 시간이 더 지나면 나중에는 스스로 어떤 일이 있었는지조차도 설명하지 못하고 그냥 울기만 하겠구나'라는 생각이 들었습니다.

가해자가 제게 했던 행동이 범죄이자 폭력임을 알고서야 제가 왜 이렇게 힘들었는지를 알 수 있었고, 고소를 통해 돌파구를 찾고 싶었습니다.

형사고소는 과거의 기억을 끄집어내야 하고, 경찰 진술 등을 통해 수 차례 되풀이해야 한다. 이것이 어떤 피해자들에게는 또 다른 고통으로 다가와 고소 등 법적 절차를 포기하게 만들기도 한다.

하지만 혜정 씨는 그 과정이 오히려 치유의 시간이 되었다고 말한다.

Q 혜정 씨는 저와 과거를 하나씩 다시 들추는 작업을 했잖아요. 그게 힘들지는 않으셨어요? 떠올리기 싫은 기억을 다시 떠올려야 하는 거잖아요.

변호사님을 뵙기 전, 저는 많은 심리상담을 받았습니다. 그런데 심리상담을 받아도 사실 트라우마 극복에는 도움이 안 됐습니다. 가족, 친구들, 심리상담 선생님들은 폭력이나 범죄에 대한 이해도가 낮아서 아무리 말을 해도 '이게 이 정도로 너에게 커다란 상처를 줄 일이냐'하고 이해를 못 했어요. 마치 초보 부모가 아기를 돌볼 때 아기가 우는데 왜 우는지 이유를 모르는 것처럼, 제가 아무리 이야기를 해도 공감은 해주지만 왜 힘든지는 잘 모르는 거예요.

그런데 변호사님과 대화하면 가해자의 행동이 폭력이라는 걸 금세 이해하셨어요. 제 머릿속에만 있던 막연한 기억들을 글로 구체화하면서 그 기억들이 뭔가 뚜렷해졌고, 그때 가해자는 저에게 이런 부분을 잘못했었다고 객관화하게 되었습니다.

이 작업을 할 때 제 나이가 당시 가해자의 나이와 비슷해졌는데, '나라면 가해자처럼 하지 않았을 텐데', '누가 봐도 가해자가 잘못한 거였네'라는 생각이 들더라고요. 사건을 겪을 당시 어린 저에게는 가해자가 너무 큰 존재였고, 가해자가 하는 말은 다 맞는 것 같았습니다. 또한 그는 목사 아들이다 보니 편을 들어주는 사람이 많았습니다. 그런데 고소를 준비하는 과정을 통해 사건을 객관적으로 보게 되었고, 가해자가 세뇌

한 것처럼 저에게 죄가 있어서 그런 일을 당했던 게 아니라 그 저 가해자가 잘못한 것이었다는 것을 깨닫게 된 것이었습니다.

그리고 그때 가해자는 가해자가 하고 싶은 방식대로 저에게 폭력을 행사했고 주변 사람들도 가해자의 말만 들었는데, 이제는 저도 이야기하고 싶다는 생각이 있었어요. 가해자의 폭력이 인정되든 안 되든 나도 좀 말하고 싶다고요.

Q 경찰 조사에서 직접 진술하시고, 나중에는 법정에서 증인으로 증언까지 하셨어요. 그런 경험은 혜정 씨에게 어떻게 다가왔나요?

첫 경찰 피해자 조사 때, 떨리긴 했지만 굉장히 좋았습니다. 심리상담을 받을 때도 해소되지 않던 감정이 경찰 조사에서 오히려 해소되는 기분이었습니다. 일반 사람들은 감정적으로 열심히 들어주려고 하고 따스하게 대해 주잖아요. 하지만 감정을 배제하고 사실관계 위주로 조사받는 절차가 저에게는 대단히 시원했어요.

정리하자면, 과거의 기억을 정리하며 사건을 객관화할 수 있었고 법적 절차를 진행하면서 제가 주도적으로 사건을 이끌어간다는 기분이 들면서 비로소 현재를 살고 있다는 느낌이 들게 된 거예요. 그건 현재의 내가 과거의 어린 나를 구하는 과정이었습니다. 그 점에서 치유가 많이 되었어요.

　가해자는 정서적 아동학대로 유죄가 인정되어 벌금형에 처해졌다. 그런데 혜정 씨는 법원에 증인으로 다녀온 날 이후 인터뷰를 위해 다시 나를 만날 때까지 재판 결과를 모르고 있었다.

　대부분의 피해자는 처벌을 목적으로 고소한다. 결과가 나오기까지 조급해하고, 그 과정에서 지치기도 한다. 고소를 해놓고 결과를 모르고 있는 것에 의아해하자 혜정 씨는 굳이 알려고 하지 않은 것이 아니라 재판 결과가 어떻든 현재를 살고 있는 자기에게는 관심사가 아니게 된 것이라고 답했다.

Q 만약 가해자에게 유죄가 인정되지 않았다면 어땠을까요?

　저 아직도 검찰청에 결과 보러 안 가봤어요. 가해자에게 유죄가 인정되지 않았더라도 별로 개의치 않았을 것 같습니다. 변호사님이 고소 진행 중에 "수사와 재판 과정 자체가 가해자에게는 벌이다"라고 해주신 것도 도움이 많이 되었던 것 같습니다.

　그리고 사실 피해자가 아무리 괴롭더라도 가해자에게 무기징역이 내려질 것도 아니잖아요. 그러다 보니 현재를 살아가는 데 더 집중하고 싶었습니다. 학창시절에는 제 인생에서 가해자의 존재감이 다른 것보다 더 컸다면, 이런 절차를 거치면서부터는 가해자가 더 이상 제 인생에 아무런 영향을 주지 못하는 존재라는 걸 깨달았습니다. 그래서 '가해자가 처벌을 받든지 말든지 상관없다'라는 자세가 되었고요.

   현재에 계속 집중해 가다 보니까 너무 좋은 결과들이 나타났고 그 과정에서 제 정신도 건강해져 갔던 것 같습니다. 예전에는 사람들과 관계를 맺거나 친구들과 고작 집 앞 카페에 가는 것도 힘들었다면, '과거를 정리하기 위해 고소도 해봤는데 못할 게 뭐 있나'라는 용기가 생겨서 새로운 일에도 도전할 수 있게 됐습니다.

여기까지 실제 학교폭력 피해자와 그 가족들의 이야기를 들어보았다. 그들은 사적 복수를 선택하지 않고 법과 제도의 테두리 내에서 해결하고자 했다. 그렇기에 그들은 또 다른 가해자가 되지 않았고, 저지른 잘못도 부끄러울 것도 없는 당당하고 온전한 피해자가되었다.

학교폭력에 직면하면 대부분의 피해자들은 법과 제도의 테두리 내에서 해결해야 한다는 것을 알면서도 신고를 망설이게 된다. 신고 과정이 힘들지는 않을지, 신고한다고 해서 해결이 될지 염려하기 때문이다. 앞의 피해자들도 예외는 아니었다. 학교의 소극적인 태도에 실망하는 순간도 있었고, 학교폭력대책심의위원회에서 '조치 없음'이라는 결과가 내려져 좌절의 순간을 겪기도 하고, 징계가 내려졌지만 트라우마 극복에 별 도움이 되지 않은 경우도 있었다.

그럼에도 피해자들이 입을 모아 이야기하는 것은 "학교폭력을 신고해야 한다"는 말이었다. 그래야 가해자로부터 사과를 받든, 그에게 징계를 내리든 책임을 물을 수 있고, 이전의 피해자들이 목소리를 냈기에 제도로 마련될 수 있었던 보호조치를 지원받을 수 있기 때문이다. "과정이 힘들다고 아무것도 하지 않으면 얻는 것 또한 아무것도 없다"는 수연이 부모님의 말을 다시금 되새기게 된다.

한편, 피해자들의 트라우마 극복과정에서도 공통적으로 발견된 것이 있다. 가족과 주변 친구, 지인의 전폭적인 지지와 믿음 외에도 그들의 트라우마 해결에 실질적인 도움을 준 것으로 정신건강의학과 치료와 꾸준한 심리상담이 있었다. 앞서 본 것처럼 학교폭력 피해자들은 일시적인 감정 변화가 아닌 장기적인 후유증과 정신적·신체적 변화까지 겪는다. 병에 걸려 몸이 아프면 치료를 받듯 트라우마로 인한 고통도 치료가 필요하며, 결과적으로 치료를 통해 호전될 수 있음을 사례를 통해 알 수 있었다.

아울러 사람으로 인한 상처는 결국 사람으로 인해 치유된다는 것, 피해자 주변의 소중한 사람들에 비하면 학교폭력 가해자들은 너무나 하찮은 존재이며 앞으로 피해자에게 어떠한 영향도 줄 수 없다는 것 등 피해자분들의 소중한 이야기를 들을 수 있었다.

이제부터는 피해자의 트라우마 극복 과정에서 발견된 공통점을 토대로, 학교폭력 트라우마에서 벗어날 진정한 방법을 찾고자 한다.

2부

학교폭력 트라우마와의 작별

제 1 장

과거 학교폭력을 둘러싼 법적 공방

나는 가해자에게
책임을 물을 수 있을까

사적 복수는 피해자를
구원할 수 있을까

왜 이제 와서 문제 삼냐고?
:

나는 가해자에게
책임을 물을 수 있을까
과거 학교폭력 사건에 대한 법적 구제 가능성

2021년 학폭 미투 이후로 학교폭력 피해자들은 자신이 겪은 정신적·심리적 문제가 학교폭력 트라우마에서 비롯되었음을 알게 되었다. 당시에는 자신이 당한 것이 학교폭력인지조차 모르고 그저 참고 견뎌야 하는 것으로 여겨서 어떠한 대처를 하지 못했거나, 해야 한다고 생각했지만 어떤 방법으로 가능한지를 몰라서 문제 삼지 못했다가 성인이 된 후 가해자들에게 법적 책임을 묻기로 결심한 피해자들이 나타났다.

그들은 학창시절 매듭지어지지 못한 채 지금 이 순간에도 자신을 괴롭히는 학교폭력 트라우마를 끝내고 싶어서, 자신은 이렇게 과거 일로 힘든데 가해자들은 여전히 잘 사는 것이 부당하게 느껴지고 지금이라도 책임을 묻고 싶어서라는 등 여러 가지 이유로 자신이 받은 피해에 대한 법적 구제 가능성을 찾았다.

과연 피해자들이 원하는 것처럼 과거에 있었던 학교폭력 사건에 법적 책임을 물을 수 있을까. 현행법을 기준으로 그 가능성을 따져보도록 하자.

형사고소

형사고소란 범죄를 저지른 가해자를 처벌해 달라고 범죄 사실을 수사기관에 신고하는 것을 의미한다. 그런데 법에 규정된 범죄 행위에 해당하는 경우여야 고소가 가능하기 때문에, '학교폭력죄'라는 것이 없는 현실에서는 학교폭력 가해자들의 각 행위 중 범죄에 해당하는 것을 구별해 고소해야 한다.

학교폭력에 적용할 수 있는 대표적인 범죄와 그 처벌 규정은 다음과 같다.

• 폭행

폭행은 힘을 써서 신체를 고통스럽게 하고 불편하게 만드는 행위이다. 손으로 때리거나 물건 집어 던지기, 밀치기도 폭행에 해당한다. 형법 제260조에 따라 2년 이하의 징역, 500만 원 이하의 벌금, 구류 또는 과료에 처한다.

• 상해

상해는 폭행에서 더 나아가 신체에 상처, 해를 입히는 행위이다. 멍이 들거나 피가 나는 정도를 포함하여 치료가 필요하도록 다치게 한 경우 상해에 해당한다. 상해죄는 보통 병원의 상해진단서를 제출해야 하므로 당시 상처의 흔적 또는 흉터가 명확하게 남아 있거나 진료기록이 남아 있지 않으면 상해보다는 폭행죄가 적용될 가능성이 높다. 형법 제257조에 따라 7년 이하의 징역, 10

년 이하의 자격정지 또는 1천만 원 이하의 벌금에 처한다.

• 특수폭행, 특수상해

위험한 물건을 휴대해 폭행, 상해한 경우를 뜻한다. 소위 '담배 빵'[37], 각목이나 몽둥이를 이용한 폭행이라든지, 실제 사례에서처 럼 가해자 무리가 피해자에게 뜨거운 고데기로 화상을 입힌 행위 가 특수상해죄에 해당한다. 특수폭행은 형법 제261조에 따라 5년 이하의 징역 또는 1천만 원 이하의 벌금에 처하고, 특수상해는 형법 제258조의2에 따라 1년 이상 10년 이하의 징역에 처한다.

• 협박

협박이란 겁을 주어 공포심을 유발하는 발언 및 행위를 의미한 다. 가해자가 '가만두지 않겠다', '죽여 버리겠다', '학교 못 다니 게 해주겠다' 등의 말을 해서 피해자가 겁을 먹었다면 협박에 해 당한다. 형법 제283조에 따라 3년 이하의 징역, 500만 원 이하의 벌금, 구류 또는 과료에 처한다.

• 감금, 약취, 유인

감금은 화장실, 체육관 등 일정한 장소에서 쉽게 나오지 못하도 록 하는 행위이고, 약취는 강제로 일정한 장소로 데려가는 행위

---

37 담뱃불로 살갗을 지지는 가혹행위 —편집자 주

이며, 유인은 속여서 일정한 장소로 데리고 가는 행위이다.

감금은 형법 제276조에 따라 5년 이하의 징역 또는 700만 원 이하의 벌금에 처하고, 미성년자를 약취 또는 유인한 경우 형법 제287조에 따라 10년 이하의 징역에 처한다.

• **강요**

강요란 폭행이나 협박을 가하면서 하지 않아도 되는 일을 강제로 시키는 행위이다. 학교폭력 사건에서 예를 들자면 대신해서 숙제, 청소 등을 하라고 하거나, 강제로 무릎을 꿇으라고 하거나, 구걸을 하라고 지시하는 등의 행위가 강요에 해당한다. 형법 제324조에 따라 5년 이하의 징역 또는 3천만 원 이하의 벌금에 처하며, 위험한 물건으로 강요한 경우에는 10년 이하의 징역 또는 5천만 원 이하의 벌금에 처한다.

• **공갈**

폭행 또는 협박해 재물을 받거나 재산상 이익을 얻은 행위를 말한다. 소위 '삥 뜯기'[38], '빵 셔틀'[39], '매점 셔틀' 등이 여기에 속한다. 형법 제350조에 따라 10년 이하의 징역 또는 2천만 원 이하의 벌금에 처한다.

---

38 학생들 사이에서 위력을 가해 돈을 빼앗거나 훔치는 것을 의미한다. ―편집자 주
39 학생들 사이에서 강요에 의해 각종 심부름을 하는 행위, 또는 그 학생을 의미한다. ―편집자 주

이때, 2명 이상이 공동으로 폭행·협박·감금·강요·상해·공
갈죄를 범한 경우 형법 각 해당 조항에서 정한 형의 2분의 1까지
가중한다.

• 모욕, 명예훼손

언어 폭력은 모욕 아니면 명예훼손 둘 중 하나인데 모욕은 공연
히 다수의 사람 앞에서 욕설이나 비하적인 발언을 하는 것을 의
미하고, 명예훼손은 허위사실이나 사실을 1인 이상에게 이야기
해서 소문을 유포하는 등으로 평판을 저해하는 것을 의미한다.
그런데 모욕죄는 친고죄[40]로서 자신을 모욕한 범인을 안 날로부터
6개월 이내에 고소해야 하므로,[41] 과거에 발생한 학교폭력 사건에
서는 대부분 시기가 지나 고소할 수 없을 것이다. 따라서 명예훼
손에 해당하는 행위만 추려서 고소하는 것이 좋다.

모욕죄는 형법 제311조에 따라 1년 이하의 징역이나 금고 또는
200만 원 이하의 벌금에 처한다. 명예훼손은 형법 제307조에 따
라 사실적시 명예훼손은 2년 이하의 징역이나 금고 또는 500만
원 이하의 벌금에, 허위사실적시 명예훼손은 5년 이하의 징역,
10년 이하의 자격정지 또는 1천만 원 이하의 벌금에 처한다.

인터넷상에서 발생한 명예훼손 역시 처벌이 가능하다. 정보통신

---

40 범죄의 피해자나 그 밖의 법률에서 정한 사람이 고소하여야 공소를 제기할 수 있는 범죄 (출처:
　　표준국어대사전) —편집자 주
41 형사소송법 제230조 제1항

망법 제70조에 따라 사실적시 명예훼손은 3년 이하의 징역 또는 3천만 원 이하의 벌금에, 허위사실적시 명예훼손은 7년 이하의 징역, 10년 이하의 자격정지 또는 5천만 원 이하의 벌금에 처한다.

• **성폭력**

아동·청소년의 성보호에 관한 법률 제7조는 아동·청소년에 대한 성범죄의 처벌을 명시하고 있다.

아동·청소년을 대상으로 강간한 경우 무기징역 또는 5년 이상의 유기징역, 유사강간을 한 경우 5년 이상의 유기징역에 처하고, 동법 제3항에 따라 강제추행을 범한 경우 2년 이상의 유기징역 또는 1천만 원 이상 3천만 원 이하의 벌금에 처한다.

여기까지 현행법상 과거에 일어난 학교폭력에 적용할 수 있는 범죄 및 처벌 규정을 살펴보았다. 그러나 과거 학교폭력에 대해 형사고소를 하기 위해서는 두 가지 난관을 극복해야 한다.

첫 번째 난관은 바로 '공소시효'이다. 공소시효란 범죄에 대해 일정 기간이 지나면 공소를 제기할 수 없는, 즉 처벌할 수 없는 제도이다. 공소시효 기간은 각 범죄의 처벌 규정에서 가장 최고형을 받았을 때를 기준으로 적용되는데, 폭행은 5년, 상해는 7년, 특수상해는 10년의 공소시효를 갖기 때문에 성인이 된 이후에는 공소시효가 지난 경우가 많다. 다만 예외적으로 미성년자에 대한 성폭력

형사소송법 249조(공소시효의 기간)

①공소시효는 다음 기간의 경과로 완성한다.

1. 사형에 해당하는 범죄는 25년
2. 무기징역 또는 무기금고에 해당하는 범죄는 15년
3. 장기 10년 이상의 징역 또는 금고에 해당하는 범죄는 10년
4. 장기 10년 미만의 징역 또는 금고에 해당하는 범죄는 7년
5. 장기 5년 미만의 징역 또는 금고, 장기 10년 이상의 자격정지 또는 벌금
   에 해당하는 범죄는 5년
6. 장기 5년 이상의 자격정지에 해당하는 범죄는 3년
7. 장기 5년 미만의 자격정지, 구류, 과료 또는 몰수에 해당하는 범죄는 1년

범죄의 공소시효는 미성년자인 피해자가 성년에 달한 날부터 진행하기 때문에 고소할 수 있는 기간이 그만큼 길어진다.

아직 공소시효가 지나지 않았다면, 고소를 위해 준비할 것은 '범죄 행위의 특정'이다. 고소는 날짜와 장소, 행위를 구체적으로 특정해야 한다. 단순히 '가해자가 언제부터 언제까지 나를 폭행했다, 괴롭혔다'라고 고소한다면 경찰서에서 고소장을 다시 써오라고 하거나 고소가 안 된다고 반려할 수 있다.

따라서 자신이 겪었던 학교폭력 피해를 날짜 순서대로 육하원칙에 따라 구체적으로 기록하는 것이 좋다. 날짜를 특정하기 어려우면 최소한 몇 년도 몇 월, 초순·중순·하순으로라도 특정하도록 한다.

고소장이 접수되면 수사기관에서는 고소인 조사와 피고소인 조사를 하고 수사 결과에 따라 기소할지, 무혐의 처분을 할지 정한다. 여기에 두 번째 난관이 존재한다. 고소 과정은 증거를 확보할수록 유리한데, 학교폭력이 발생한 시점에서 오랜 시간이 지났기 때문에 증거 확보가 어렵고 목격자들도 당사자가 아닌 이상 기억을 못 하거나 애당초 목격자를 찾는 것 자체가 쉽지 않기 때문이다.

민사소송

형사고소 외에도 과거 학교폭력 가해자에게 손해배상청구 민사소송을 제기하는 방법도 있다. 학교폭력은 불법행위로서 민법 제750조에 따라 가해자는 피해자에게 그 손해를 배상할 책임이 있다. 형사고소가 가해자에 대해 형사적 처벌을 구하는 것이라면 민사소송은 그가 입힌 피해에 대한 금전적 보상을 청구하는 제도이다. 피해자가 법원에 소장을 접수하고, 가해자에게 소장이 송달되면 그때부터 소송은 시작된다.

형사고소는 수사기관에서 나름대로 사실관계 확인을 하려고 하지만, 민사소송은 사건 당사자인 피해자가 사실관계 주장 및 입증을 모두 해야 한다. 법원은 피해자와 가해자가 제출한 서면과 증거를 보고 판단하는 역할만을 맡는다. 민사소송이 쉽지 않은 이유이다.

또한 형사소송의 공소시효처럼 손해배상청구도 '소멸시효'라는 것이 있다. 민법 제766조에 의거, 불법행위로 인한 손해배상의 청구권은 피해자나 그 법정대리인이 그 손해 및 가해자를 안 날로부터 3년, 불법행위를 한 날로부터 10년이 지나면 소멸한다. 다만 피해자가 미성년자인 경우 법정대리인인 보호자가 피해자의 손해 및 가해자를 알게 되었을 때부터 3년의 소멸시효가 적용되고, 사건 당시 법정대리인인 보호자가 몰랐다면 피해자가 성년이 되었을 때부터 3년을 적용한다는 대법원 판례가 있다.[42]

또 학교폭력에 의한 정신적 피해가 잠재해 있다가 성인이 된 후 정신질환으로 발현되는 것처럼, 가해행위와 손해의 발생 사이에 시간적 간격이 있다면 손해가 발생했을 시점부터 소멸시효 기간을 세고 있다.[43]

만일 미성년자가 성폭력 · 성추행 · 성희롱 · 그 밖의 성적 침해를 당한 경우 이로 인한 손해배상청구권의 소멸시효는 피해자가 성년이 될 때까지는 진행되지 않는다.

여기까지 과거 학교폭력 가해자에게 법적 책임을 묻는 방법으로서 형사고소와 민사소송을 살펴보았다. 안타깝게도 공소시효 · 소멸시효부터 증거 확보의 어려움까지, 가해자들에게 법적 책임을 묻기에는 현실적인 어려움이 많다는 것을 실감하게 된다. 이러한 제도적 한계는 피해자들이 이제부터 다뤄질 '사적 복수'나 ' '학폭 미투'를 생각하는 이유이기도 하다.

---

42 대법원 2010. 2. 11. 선고 2009다79897 판결
43 대법원 2013. 7. 12. 선고 2006다17539 판결

사적 복수는 피해자를
구원할 수 있을까

앞에서 살펴본 것처럼 과거 학교폭력을 이유로 가해자에게 민·형사상 법적 책임을 묻기에는 현실적인 어려움이 있다.

2023년 초에 선풍적인 인기를 끌었던 드라마 「더 글로리」의 주인공 '문동은'도 학창 시절 심한 학교폭력에 시달렸다. 그는 자신의 피해를 학교에 알리고, 경찰에도 신고해 보았지만 결국 모든 사건이 은폐되고 말았다. 그때 문동은이 선택한 방법은 사적 복수였다.

많은 사람이 「더 글로리」를 보고 학교폭력 가해자를 향한 복수에 통쾌해 하면서 카타르시스를 느꼈고, 혹자는 자신도 사적 복수를 통해 과거의 피해를 앙갚음할 수 있을지를 상상하게 됐다. 그러나 문동은의 행위를 법의 관점에서 하나씩 따져보자면 섬뜩한 기분이 든다.

범죄로 얼룩진 피해자

과거 학교폭력 피해자였던 문동은(송혜교 분)은 가해자의 중심에 있었던 박연진(임지연 분)의 딸 하예솔(오지율 분)이 다니는 사립 초등학교 이사장의 약점을 잡기 위해, 그를 미행하거나 자택 주변의

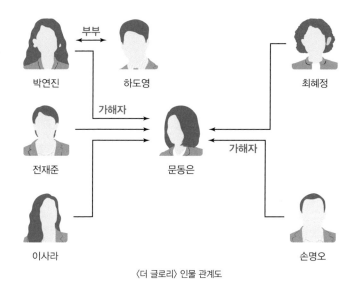

부부

박연진 ↔ 하도영

최혜정

가해자

전재준 → 문동은 ← 가해자

이사라

손명오

〈더 글로리〉 인물 관계도

쓰레기를 뒤지는 등의 행위를 서슴지 않는다. 문동은은 이사장에게 약점을 발설하지 않는 조건으로 자신을 하예솔이 소속된 1학년 2반의 담임 교사로 발령할 것을 요구한다. 이때 문동은은 '1학년 2반 담임 교사직'이라는 재산상 이익을 얻는 공갈죄를 저질렀다.[44]

또한 학교폭력을 은폐하고 자신에게 폭행까지 가했던 교사 김종문(박윤희 분)에게 복수하기 위해 장학사 시험을 앞둔 아들 김수한(강길우 분)을 협박한다. 김수한의 아버지가 과거에 저지른 부도덕하고 불법적인 행태를 교육청 홈페이지 등에 게시해 폭로하겠다는 것이었다. 이는 협박죄에 해당함은 물론, 만일 김수한이 아버지를

존속살해하는 데 지시 또는 가담한 부분이 있다면 살인죄[45]의 책임에서 벗어날 수 없다.

한편 또 다른 가해자인 이사라(김히어라 분)에게는 마약 투여 사실을 폭로하지 않는 조건으로 거액의 돈을 갈취하는가 하면, 일부러 마약을 준비해서 이사라가 그것을 투약하게끔 연출하고 교회 단체 채팅방에 이를 구경하라고 게시한다. 이것은 공갈죄, 마약류관리법위반죄[46], 명예훼손죄[47]에 해당하는 행위이다.

문동은은 박연진을 손명오(김건우 분)의 살인범으로 몰기 위해 손명오의 시체에 박연진의 피부 조각을 넣어두는데, 이는 모해증거위조죄[48]에 해당한다.

또한, 마찬가지로 가해자 집단에 속했던 최혜정(송지우 분)을 꼬드겨 전재준(박성훈 분)이 시력을 잃게끔 안약 성분을 바꾸도록 교사한 행위는 중상해교사죄[49], 전재준이 앞이 보이지 않을 것을 예상해 하도영(정성일 분)이 전재준을 살인할 수 있도록 공사 현장에까지 유도한 행위 역시 살인 공범의 죄책을 진다.

그 밖에도 미행, 사진 도촬 등을 하는 행위는 스토킹처벌법 위반죄[50], 최혜정의 핸드폰을 절도하고 각종 SNS에 접속해 대화 내용 등

---

45 형법 제250조. 사형, 무기 또는 5년 이상의 징역형에 처한다.
46 마약류관리법 제60조 제1항. 10년 이하의 징역 또는 1억 원 이하의 벌금에 처한다.
47 정보통신망법 제70조 제1항. 3년 이하의 징역 또는 3천만 원 이하의 벌금에 처한다.
48 형법 제155조 제3항. 10년 이하의 징역에 처한다.
49 형법 제258조. 1년 이상 10년 이하의 징역에 처한다.
50 스토킹처벌법 제18조. 3년 이하의 징역 또는 3천만 원 이하의 벌금에 처한다.

을 보는 것은 절도죄[51]와 정보통신망법 위반죄[52]에 해당한다.

살인까지 저지르며 온갖 범죄로 얼룩진 문동은이 과거에 학교폭력을 당한 피해자라는 사실로 면죄부를 받을 수 있을까. 나는 학교폭력 가해학생들을 만나면 "어떤 경우에도 폭력은 정당화될 수 없다. 폭력을 선택한 이상 네가 아무리 억울하더라도 받아들여지지 않는다"라고 경고한다. 문동은은 복수를 이유로 학교폭력 가해자들과 다를 바 없는 범죄자로 전락하고 말았다. 학교폭력 피해자라고 할지라도 범죄는 정당화될 수 없다. 그리고 드라마는 드라마일 뿐 현실이었다면 문동은은 아마 복수를 실행하는 초기 단계에서 고소를 당해 전과자로 전락하고, 어렵게 임용고시를 통과해 얻은 교사라는 지위조차 위태로워졌을 것이다.

하지만 사적 복수는 비단 드라마 속 이야기만은 아닌데, 현실에서도 과거 자신을 괴롭혔던 가해자에게 법의 힘을 빌리지 않고 직접 앙갚음을 하는 사례가 적지 않기 때문이다. 그렇다면 실제로 사적 복수를 실행한 피해자들은 그 행위를 통해 원하는 바를 이뤘을까.

가해자를 사칭해 사적 복수를 도모하다

선호 씨(34세)는 연예계나 스포츠계를 중심으로 과거 학교폭력

---

51 형법 제329조. 6년 이하의 징역 또는 1,000만 원 이하의 벌금에 처한다.
52 정보통신망법 제71조 제1항. 5년 이하의 징역 또는 5천만 원 이하의 벌금에 처한다.

가해에 관한 폭로가 이어지고 가해자에 대한 사회적 비난이 집중되는 것을 보며, 학창 시절 불우한 가정환경 등을 이유로 자신을 놀리거나 위협적으로 대했던 동창생들을 생각했다.

선호 씨는 그들의 괴롭힘으로 인한 심리적 상처가 자신의 인생에 나쁜 영향을 주었다는 생각이 들었지만, 가해자들이 저지른 학교폭력에 대해 폭로를 하더라도 그들이 유명인이 아닌 이상 신상에 별다른 불이익을 가하기 어렵다고 판단했다. 그래서 선호 씨는 폭로가 아닌 다른 방식의 복수를 계획했다.

그것은 바로 가해자들을 사칭해 그들이 졸업한 학교나 소속된 협회, 직장 등에 소속 교원, 학생, 직원들을 무차별적으로 강간하거나 살해할 것처럼 협박 편지를 발송하는 것이었다. 선호 씨는 이렇게 함으로써 가해자들이 졸업한 학교의 교직원들과 주변인들을 겁먹게 하고, 가해자들의 평판이나 신상에 악영향을 끼치리라 생각했다.

그러나 총 6회에 걸쳐 협박 편지를 발송한 선호 씨는 협박, 협박미수죄로 징역 10개월에 집행유예 2년, 160시간의 사회봉사의 형을 선고받았다.

악감정이 남은 가해자를 폭행하다

수창 씨(39세)는 어느 날 식당 앞에서 초등학교 동창생과 시비가 붙었다. 수창 씨는 과거 동창생에게 학교폭력을 당한 기억이 있었기에 평소 그에 대한 감정이 좋지 않았다. 수창 씨는 동창생과 말다툼을 하다가 화를 참지 못하고 그를 향해 소주병을 수차례 휘두른 다음, 주먹과 발을 이용해 얼굴을 공격했다. 그 결과 동창생은 전치 4주의 상해를 입었다.

동창생이 과거 학교폭력의 가해자였기 때문에 수창 씨의 행위가 더욱 과격해진 것일 수 있겠지만, 법원은 수창 씨의 죄책이 무겁고 피해자가 입은 상해의 정도가 중한 점, 피해자가 엄벌을 탄원하고 있다는 사정을 들어 수창 씨에게 특수상해죄로 징역 8개월의 실형을 내렸다.

폭력을 방관한 운영자를 협박하다

지민 씨(23세)는 열여덟 살 때부터 약 2년간 D가 운영하던 소극장의 단원으로 근무했다. 그 당시 지민 씨는 단원들에게 폭행과 괴롭힘을 당했고 D에게 도움을 요청했지만, D는 그것을 모른 척했다. 그로부터 4년 뒤, 지민 씨는 D에게 복수하기로 마음 먹고 그에게 전화를 걸어 이렇게 말했다.

"4년 전 소극장에 있을 때 다른 단원들이 저를 때리고 괴롭혔는데, 선배님은 제가 이야기해도 무시하셨죠. 저는 그 일 때문에 정신병이 생겼어요. 그때 녹음해 두었던 녹취록이 있습니다. 이걸로 선배님께 복수할 거예요."

지민 씨는 자신의 주장을 국민청원, 온라인 커뮤니티, 유튜브 등을 통해 폭로하겠다며 D를 협박하고 300만 원을 빌려달라고 요구했다. D는 요구에 응하지 않을 경우 이어질 폭로로 자신의 평판이 악화될 것을 우려해, '옛날 일로 협박할 시 일주일 안에 돈을 상환

하고 모든 법적 책임을 받는다'는 내용이 기재된 차용증을 받고 300만 원을 송금했다.

그러나 지민 씨는 여기서 그치지 않았다. 그는 일주일 뒤 D에게 수 차례 협박문자를 보내며 1,800만 원을 요구했다.

"선배님, 전 4년을 증오 속에서 살아왔습니다. 선배님의 전화 몇 통과 설득으로 4년의 증오가 사라지진 않아요."

"악마가 복수 안 하면 날 죽이겠대요."

"선배님. 악마가 선배님한테 말 전해달래요."

"연예인들 학교폭력 걸리면 XX되는 기 아시죠."

이후 D가 돈을 지급하지 않자 지민 씨는 총 69회에 걸쳐 난폭한 문자를 보내고, 녹취록을 폭로하겠다거나 D나 그의 가족을 칼로 찔러 죽이겠다며 계속해서 협박했다. 결국 D가 자신을 공갈죄 등으로 고소하자 화가 난 지민 씨는 준비했던 폭로글을 인터넷상에 게시했다.

이에 대해 법원은 지민 씨의 범행 경위, 내용, 수법에 비추어 죄질이 매우 나쁘고 D로부터 용서를 받지도 못했다며 공갈, 공갈미수, 협박, 명예훼손죄를 적용해 징역 1년의 실형을 선고했다.

SNS를 통해 가해자를 비난하다

서영 씨(28세)는 중학교 동창이자 뮤지컬 배우인 F에게 이틀에 걸쳐 자신이 당했던 학교폭력을 언급하며 한때 자살을 생각했다는 내용이 담긴 메시지를 SNS 메신저로 보냈다. 그와 함께 자신의 다른 SNS 계정에도 F를 비난하는 글을 올렸다.

그러나 F는 자신과 관련 없는 내용이며 자신은 서영 씨를 기억하지 못한다고 선을 그었다. 그리고 서영 씨에게 연락을 그만 해달라는 메시지를 보냈는데, 이에 서영 씨는 "피곤해지라고 보낸 거야", "너는 살지 말아야해", "코로나 걸려서 죽었으면 좋겠다", "니들은 인간이 아니고 인간 탈을 쓴 악마야", "학폭 가해자들인 네 X들이야", "내가 보냈는데 보지도 않네. 그렇게 떳떳하지도 못할 거면서 범죄는 왜 저질러" 등의 악성 메시지를 수차례 발송했다.

결국 서영 씨는 정보통신망법 위반죄로 벌금 200만 원에 처해졌고, 과거에 당했던 학교폭력의 고통을 갚을 수조차 없었다.

어떠한가. 과거에 피해자였던 네 사람은 도리어 가해자가 되고, 과거에 가해자였던 상대방은 피해자로 불리게 되었다. 게다가 수창 씨와 지민 씨의 경우 징역까지 살며 현재의 소중한 시간을 갇혀 지내게 되었다.

사적 복수는 결코 과거에 일어난 학교폭력을 해결할 수 없으며, 상대방에 대한 파괴이자 동시에 나를 파괴하는 행위이다. 나는 학교폭력 피해자들이 가해자가 되는 것을 원치 않는다.

왜 이제 와서 문제 삼냐고?

미투가 주는 힘

　국내의 '미투#MeToo' 운동은 2018년 즈음 각 분야에서 터져나온 성폭력 고발로 시작해, 유명 연예인들이 가족 구성원의 채무를 고발하며 나타난 '빚투', 그리고 프로 배구선수로 활동하던 자매가 과거에 학교폭력을 저지른 사실이 폭로되며 이른바 '학폭 미투'로 이어져 왔다. 미투 가해자로 지목된 인물들은 직책을 박탈당하거나 소속되어 있던 업계에서 퇴출당하는 등 죗값을 치러야 했다. 과거 자신의 행동이 결국 족쇄가 된 셈이다.

　어떤 이들은 의문을 제기한다. 그때는 가만히 있었으면서 왜 이제 와서 문제 삼느냐고 말이다. 과거 학교폭력 피해자들이 무기력할 수밖에 없었던 이유는 여러 가지가 있다. 먼저, 앞서 살펴보았듯이 학교폭력을 당해도 신고하거나 도움을 받을 수 있는 제도가 마련되어 있지 않았다. 폭력이 만연한 학교 분위기 속에서 다수의 학생은 방관했고 피해자는 고립되었다. 아무도 피해자 편에 서지 않는 상황에서 피해자는 힘의 우위에 있는 가해자들과 맞설 수 없었다.

　사회적으로 확산되는 경향이 큰 미투의 성격은 '나도 당신과 똑

같은 일을 당했다'는 데에 기반해 있다. 자신의 피해 경험을 말함으로써 공감을 얻고, 그것에 동질감을 느낀 다른 피해자도 용기를 얻어 목소리를 내는 것이다.

어떤 학교폭력 피해자들은 자신이 당한 것이 학교폭력인지도 모르고 그저 참고 견뎌야 하는 것으로만 알고 있었다. 학교폭력의 원인을 자신에게서 찾는 피해자들도 있다. 내가 모자라서, 내가 못 어울려서, 내가 부족해서 폭력을 당했다고 그들은 생각했다. 이런 생각은 피해자들을 무력감에 빠지게 만들었다. 하지만 학교폭력 피해를 밝히고 위로를 받으면서 피해자들은 혼자가 아니라는 것, 자기만 이런 불행을 겪은 것이 아니라는 점을 확인하게 된다. 많은 사람이 자신의 아픔에 공감해 준다는 사실만으로도 피해자들은 어느 정도 과거에서 벗어날 수 있게 된다.

사실을 말해도 처벌 받는 명예훼손죄

그런데 이 학폭 미투에 대해 가해자들이 반격할 수 있는 방법이 있었다. 그것은 바로 명예훼손으로의 형사고소였다. 현행법상 허위사실뿐만 아니라 사실을 적시하더라도 명예훼손죄로 처벌받을 수 있기 때문에, 피해자가 가해자의 학교폭력 가해 사실을 폭로했을 때 피해자는 명예훼손죄로 처벌받을 수 있는 것이다.

실제로 학폭 미투로 폭로를 당한 유명인 중 일부는 학교폭력 피해자를 명예훼손죄로 고소한 사실이 언론에 보도되기도 했다. 최근에는 유명인뿐만 아니라 학폭 미투의 가해자로 지목된 일반인들도 피

형법 제307조(명예훼손)

① 공연히 사실을 적시하여 사람의 명예를 훼손한 자는 2년 이하의 징역이나 금고 또는 500만원 이하의 벌금에 처한다.

② 공연히 허위의 사실을 적시하여 사람의 명예를 훼손한 자는 5년 이하의 징역, 10년 이하의 자격정지 또는 1천만원 이하의 벌금에 처한다.

형법 제310조(위법성의 조각)

제307조제1항의 행위가 진실한 사실로서 오로지 공공의 이익에 관한 때에는 처벌하지 아니한다.

정보통신망법 제70조(벌칙)

① 사람을 비방할 목적으로 정보통신망을 통하여 공공연하게 사실을 드러내어 다른 사람의 명예를 훼손한 자는 3년 이하의 징역 또는 3천만원 이하의 벌금에 처한다.

② 사람을 비방할 목적으로 정보통신망을 통하여 공공연하게 거짓의 사실을 드러내어 다른 사람의 명예를 훼손한 자는 7년 이하의 징역, 10년 이하의 자격정지 또는 5천만원 이하의 벌금에 처한다.

해자를 고소해, 피해자와 가해자의 입장이 뒤바뀌고 있는 상황이다.

때문에 피해자로서는 학폭 미투가 여간 부담스러운 일이 아니다. 폭로할 내용이 허위사실이 아니라는 점을 수사기관을 통해 밝혀야 하고 이를 위해 경찰서에 자주 드나들어야 한다는 점, 사실임을 밝히더라도 사실적시 명예훼손죄로 처벌 받을 가능성이 있는 점, 그래서 가해자가 오히려 자신이 피해자라며 의기양양하게 굴 것이 예상되기 때문이다.

물론 학폭 미투가 모두 명예훼손죄로 처벌받는 것은 아니다. '오로지 진실로서 공공의 이익을 위한 것일 때'에는 명예훼손에 해당하더라도 위법성 조각 규정이 적용, 즉 위법하지 않은 것으로 인정되어 처벌받지 않는다.

그렇다면 학폭 미투가 공공의 이익을 위한 것인지 판단하는 기준은 무엇일까. 대법원은 먼저 "진실한 사실"을 해석하는 데 있어, 내용 전체의 취지를 살펴볼 때 중요한 부분이 객관적 사실과 합치된다면 세부적으로 진실과 다소 차이가 나거나 과장된 표현이 있어도 무방하다고 판단한다. 진실 여부 외에도 그 사실의 내용 및 성질, 사실의 공표가 이뤄진 상대방의 범위, 표현의 방법, 표현에 의해 훼손될 수 있는 명예와 침해의 정도 등이 판단 기준이 된다.[53]

다음으로 "오로지 공공의 이익에 관한 때"란 적시된 사실이 객관적으로 볼 때 공공의 이익에 관한 것이며, 사실을 적시한 행위자의 주관 역시 그것과 일치해야 한다고 본다. 하지만 행위자의 주요한 동기나 목적이 공공의 이익을 위한 것이라면 부수적으로 다른 사익 추구의 목적이나 동기가 내포되어 있더라도 위법성 조각 규정을 적용할 수 있는 것으로 보고 있다.

여기서 "공공의 이익"이라는 것은 국가·사회 기타 일반 다수의 이익에 관한 것뿐만 아니라 특정한 사회집단이나 그 구성원 전체의

---

53 대법원 2002. 9. 24. 선고 2002도3570 판결

54 대법원 2000. 2. 11. 선고 99도3048 판결, 대법원 2002. 9. 24. 선고 2002도3570 판결

관심과 이익에 관한 것도 포함된다.[54] 하지만 행위자가 지목한 인물이 유명인이나 공인이 아닌 사인私人이더라도, 적시된 사실이 공공의 이익과 관련이 있고 사회적인 관심을 획득했다면 위법성 조각 규정의 적용을 고려해야 한다는[55] 게 대법원의 입장이다.

이처럼 공공의 이익을 위한 고발을 형사고소로부터 보호해주는 장치 덕분에 유명인을 지목해 학교폭력 가해 사실을 폭로한 뒤 고소를 당했던 일부 피해자들은 무혐의 처분을 받을 수 있었고, 오히려 가해자가 피해자를 고소한 사실이 알려지며 대중으로부터 '반성하는 척하면서 피해자를 고소한 것이냐'는 역풍을 맞았다.

학교폭력 당사자에게 부여되어야 할 공평의 원칙

민수 씨는 중학생 때, 레슬링 선수로 활동하던 A에게 학교폭력을 당했다. 당시 민수 씨가 A에게 체육복을 빌려준 일이 있었는데, A는 민수 씨를 탈의실로 불러낸 후 "체육복을 왜 웃으면서 빌려줬냐?"며 민수 씨의 허벅지 등을 폭행했다.

이후에도 A는 학교 화장실에서 민수 씨의 목을 조르며 이른바 '기절 놀이'를 하기도 했고, 시시때때로 민수 씨를 불러내어 폭력을 가할 것처럼 겁을 주기도 했다. 평소 몸이 허약했던 민수 씨는 A의 괴롭힘으로 극심한 스트레스를 받은 나머지 폐와 심장에 심한 통증을 느끼면서 숨이 잘 쉬어지지 않는 증세를 겪기도 했다. 민수 씨

---

55 대법원 2020. 11. 19. 선고 2020도5813 전원합의체 판결

는 부모나 다른 어른들 누구에게도 털어놓지 못한 채 홀로 고통을 감내했고, 자살 시도를 감행하기도 했다.

그 후로 민수 씨는 덩치가 크거나 A를 닮은 사람을 보면 극심한 두려움과 고통을 느끼는 한편 강한 분노에 휩쓸리는 등 병적인 상태에 빠졌다. 그러나 주위의 시선을 두려워한 나머지 가족에게조차 자신의 상태를 감추고 오랜 세월을 지냈다.

그러던 어느 날 민수 씨는 학교폭력을 소재로 한 웹툰을 보던 중 A로부터 피해를 당한 기억이 떠올랐고, A의 신상과 학교폭력 가해 사실을 폭로하는 댓글을 남겼다.

"A, 31세, F 중학교, 레슬링 선수 출신. A는 매일 아침마다 제 친구를 끌고 가서 폭력을 가했습니다. 제가 체육복을 웃으면서 빌려줬다는 이유로 제 목을 졸라 강제로 기절하게 만들었고, 그때 저는 심장이 놀라서 죽을 뻔했습니다. ○○시에서 장사를 하고 있다는 A. 31세. 저는 A와 닮은 사람만 보면 눈을 마주치지 못하고 자연스럽게 온몸이 덜덜 떨립니다 아직도 저는 후유증과 트라우마를 갖고 살고 있습니다 31세 A는 그냥 ××××입니다 제발 제발 죽었으면 좋겠습니다. 그때 중학교 다닐 때 의자로 머리를 내려쳐서 죽여야 했는데 너무 후회합니다. 제가 살인자가 되어도 의자로 내려쳐서 죽여야 했는데 정말 아쉽네요 F 중학교 레슬링 선수 출신 A"

A는 이런 댓글을 작성한 행위에 대해 민수 씨를 명예훼손으로 고소했고, 이로 인해 민수 씨의 부모님은 그동안 아들이 겪었던 일을 알게 되어 민수 씨가 정신과 치료를 받도록 지원했다. 그러나 A

는 민수 씨가 명예훼손죄로 150만 원의 벌금형을 선고받은 것에서 만족하지 않고, 명예훼손을 이유로 3,000만 원의 위자료를 요구하는 손해배상청구 민사소송까지 제기했다. 그런데 이 소송에서 법원은 민수 씨의 손을 들어주었다.

법원은 우선 민수 씨가 A의 명예를 훼손하는 불법행위를 했고 이에 따라 A가 상당한 정신적 고통을 입었을 것이므로, 민수 씨에게 위자료를 지급할 의무가 있다는 것을 인정했다. 그러나 학교폭력 피해자였던 민수 씨에 대해 '공평의 원칙'을 제시하며 그의 고통에 공감하고 책임을 면제해주었다.[56]

대법원은 아무리 불법행위가 있었더라도 손해가 실질적으로 전부 회복되거나, 그 손해를 전적으로 피해자에게 부담시키는 것이 부당하다고 볼 수 있는 특별한 사정이 있는 경우에는 배상 의무자의 책임을 면제할 수 있다는 예외를 두고 있다. 민수 씨의 사건에서도 이러한 예외가 적용된 것이다.

법원은 민수 씨의 정신질환이 발병한 데에는 A의 폭력이 중요한 원인이 되었을 것이라 보고, 오랜 기간 제대로 된 치료를 받지 못해 병적인 상태가 악화된 민수 씨의 피해를 고려했다. 민수 씨가 학교폭력에 관한 만화를 보자 자신의 학교폭력 피해 사실이 생각나 분노에 휩쓸린 나머지 매우 충동적으로 작성했던 점, 민수 씨가 댓글 작성 이후 A와 그 어머니에게 사과했고, A의 어머니를 만났을

---

56 창원지방법원 2022. 5. 27. 선고 2021나58902 판결

때는 무릎을 꿇기까지 했으며 문제가 된 댓글도 후에 삭제한 사실을 본다면, 이를 통해 A의 손해는 어느 정도 회복되었을 것으로 판단했다. 반면 A는 민수 씨에게 과거 학교폭력을 가함으로써 댓글 작성의 원인을 제공했고, 병적 상태에 이르게 했으면서도 그동안 민수 씨의 피해를 회복하거나 사과하기 위한 어떠한 시도나 노력도 하지 않았음을 지적했다.

그리고 민수 씨는 이 사건으로 인해 형사처벌을 받은 반면 A는 자신의 학교폭력에 대해 이미 공소시효가 지나 형사처벌도 불가능하고 민사상 손해배상책임도 소멸시효로 사라졌으므로, 학교폭력으로 민수 씨가 입었을 정신적 고통을 고려하면 민수 씨의 손해배상책임을 면제해 주는 게 공평의 원칙에 부합한다는 것이 결론이었다.

지극히 타당한 '공평'이라는 결과를 얻기가 피해자에게는 이토록 힘들다. 공소시효 등의 문제로 가해자에게 법적 책임을 묻지 못하게 된 학교폭력 피해자들은 최소한 사회적 책임이라도 묻기 위해 명예훼손 처벌이라는 위험을 감수하고서까지 학폭 미투를 선택했다. 그리고 또 다른 학폭 미투가 이어지면서 피해자가 단지 억울함을 삭히고 과거의 상처를 감내해야 하는 것이 아니라, 또 다른 피해자의 편에 서서 힘을 모을 수 있는 분위기가 형성되었다.

학폭 미투의 힘은 바로 피해자들에 대한 연대와 응원이다. 오늘까지도 이어지고 있는 학교폭력 사건에서는 여전히 '뭘 이런 걸 가

지고', '그냥 네가 참고 넘어가' 식으로 피해자가 침묵하길 바라는
경우가 많다. 하지만 피해자의 편에서 공감하는 분위기가 형성된다
면 학교폭력이 발생한 즉시 피해자는 피해를 호소할 수 있고, 궁극
적으로 학교폭력은 줄어들게 될 것이다.

　이런 연대와 응원이 과거의 피해자들을 넘어 바로 지금 학교폭력
을 겪고 있는 피해자들에게까지 전달되기를 바란다.

1장 과거 학교폭력을 둘러싼 법적 공방

제 2 장

아직 떠나보내지 못한
그 기억과 작별하길 바라며

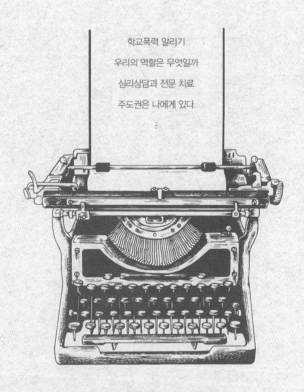

학교폭력 알리기

우리의 역할은 무엇일까

심리상담과 전문 치료

주도권은 나에게 있다

⋮

학교폭력 알리기
학교폭력 트라우마 극복의 첫 시작

학교폭력을 해결하고 트라우마를 극복하는 것은 '학교폭력 알리기'에서부터 출발한다. 학교폭력을 알린다는 것은 학교폭력 신고나 고소에 한정되는 의미가 아니다. 부모님, 친구, 지인, 담임선생님 등 주변 사람에게 말하는 것부터 상담 등을 통한 고백, 행정적·법적 절차 진행, 과거 학교폭력에 대한 고발 등 학교폭력을 외부에 알리는 모든 형태를 의미한다.

학교폭력을 외부에 알려야 중단시킬 수 있고 가해자로부터 사과를 받든 책임을 묻든 매듭을 지을 수 있다. 특히 지금 학교폭력을 겪고 있는 경우, 이 알리기 절차는 무척 중요하다.

학교폭력 신고의 효과

학교폭력을 알리는 대표적인 방법은 학교폭력 신고이다. 피해자와 보호자가 신고를 망설이는 이유는 다양하다. 학교폭력을 신고한 뒤 거쳐야 할 과정에서 피해자가 힘들어할까 봐 또는 신고한 사실을 가해자가 알게 되면 보복할까 봐 주저하기도 하고, 신고 자체에 회의적이거나 신고해도 가해자는 반성하지 않을 거라는 불신 때문이기도 하다.

그러나 사실 학교폭력 신고는 가해자의 반성을 이끌어내거나 그를 선도하기 위한 것이 아니다. 신고 제도가 마련된 까닭은 어디까지나 피해자를 가해자로부터 보호하고 트라우마를 최소화하기 위함이고, 우려와 달리 신고는 실제로 여러 효과가 있다.

먼저, 학교폭력 신고는 즉각적으로 폭력을 중단시킨다. 가해자들은 폭력에 대응하지 않는 피해자를 집요하게 괴롭히기 때문이다. 그리고 이런 상황이 반복되면 피해자는 주변의 잠재적 가해자들에게도 타깃이 되기 쉽다.

학교폭력 신고를 해서 보복하는 경우보다 신고를 하지 않아서 추가적인 가해가 발생하는 경우가 훨씬 많다. 설령 신고한 뒤 보복이 이루어지더라도 가해자에게는 그에 따른 가중 조치가 내려진다. 신고를 했다고 보복할 가해자라면 신고를 하지 않는다고 괴롭힘을 멈출 리 없다. 그렇다면 신고를 해서 피해자로서 보호받는 것이 훨씬 낫다.

학교폭력 신고를 하면 학교에서 사건을 공론화하고, 교육지원청에 보고되고, 가해자의 보호자에게도 가해 사실이 알려진다. 가해자는 사안 조사를 받아야 하고, 자신의 부모님이 학교에 와서 진술하고 학교폭력대책심의위원회에 출석해서 머리를 조아리는 등의 모습을 보게 된다. 정상적인 보호자라면 사실 관계 확인 후 가해자인 자녀를 훈육하고 지도할 것이다. 그리고 자녀가 피해자에게 사과하게 하고 피해자의 회복을 위해 노력할 것이다. 이러한 절차를 거치기 위해 학교폭력 신고는 필요하다.

또 학교폭력 신고를 하면 학교의 보호조치 외에도 경찰로부터 신변 보호를 지원받는 등 제도권 내에서 안전을 보장받을 수 있다.

학교폭력 신고는 주변 학생들의 분위기를 전환하는 효과도 가져온다. 주변에서 학교폭력을 보았던 학생들은 사안 조사를 받으며 '그때 가해자가 했던 행동이 학교폭력이었구나'라고 인지하게 된다.

물론 학교폭력 신고와 이후 절차가 쉽지 않은 과정이기는 하다. 그러나 진행해야 할 절차가 부담스럽다는 이유로 신고하지 않으면 피해자에게는 신고했을 때와 비교할 수 없을 만큼의 트라우마가 남고, 그것은 이후에 피해자가 감당해야 할 몫이 된다.

앞서 1부 2장에서 보았듯이, 신고 과정에서 좌절을 겪고 트라우마 치유에 별 도움이 되지 않았다고 한 피해자들도 '그럼에도 학교폭력 신고는 해야 한다'고 한목소리로 이야기하고 있다. 수연이 부모님의 말을 다시 빌리자면, 과정이 힘들다고 아무것도 하지 않으면 얻는 것 또한 아무것도 없다. 가해자들이 가장 원하는 것은 피해자가 아무것도 하지 않는 것이라는 점을 생각하자.

결과가 아닌 과정에 의미가 있다

학교폭력 신고를 하면서 가해자에게 강제 전학 처분이 내려지지 않으면 의미가 없다거나, 경찰 고소를 했을 때 처벌이 내려지지 않거나 경미한 수준에 그치면 어쩌냐고 걱정하는 분들이 있다. 그러나 학교폭력 해결과 트라우마 치유에 있어서 학교폭력 신고와 경찰 고소는 결과가 아닌 과정에 의미가 있다.

'회복적 정의'라는 말이 있다. 범죄 등의 문제를 해결할 때 가해자에 대한 처벌만이 아니라 피해자의 이야기를 듣고 피해회복을 장려하는 데 중점을 두어야 한다는 법정 심리학 용어이다.

학교폭력은 관계에서 힘의 불균형이 나타날 때, 가해자가 자신보다 힘이 약하다고 생각하는 피해자를 괴롭히는 데서 시작된다고 했다. 회복적 정의는 피해자에게 힘을 부여해 불균형을 바로잡도록 하는데,[57] 그 방법은 단순하다. 다름 아닌 가해자, 주변 학생들, 학교 선생님, 그리고 경찰과 교육청 등 공공기관에 이르기까지 피해자의 이야기를 듣게 하는 것이다. 가해자는 피해자의 이야기를 듣고 자기 행동을 반성하며 뉘우치고, 피해자의 주변 인물 및 공공기관은 피해자의 보호와 회복에 앞장서게 된다.

과거에 학교폭력을 겪은 피해자들이 학폭 미투를 하며 세상에 목소리를 내는 것도 같은 맥락이다. 앞서 혜정 씨는 "가해자가 하고 싶은 대로 폭력을 행사하고 주변 사람들도 가해자의 말만 들었던 것처럼 나도 내 이야기를 하고 싶었다", "심리상담을 받을 때도 해소되지 않던 감정이 경찰 조사에서 해소되는 기분이었다"고 말했다. 피해자에게 관심을 가지고 그의 말에 귀를 기울이는 것 자체가 피해자의 힘을 회복시켜 주는 것이다.

---

[57] Brenda Morrison, 'School Bullying and Restorative Justice: Toward a Theoretical Understanding of the Role of Respect, Pride, and Shame', Journal of Social Issues, 2006.

가해자가 먼저 피해자의 말에 귀를 기울이고 자신이 어떤 잘못을 했는지를 안다면 가장 좋을 것이다. 그렇지 않더라도 주변에 가해 사실이 알려지고 학교폭력 신고와 경찰 고소를 통해 반강제로라도 자신의 행위를 객관적인 관점에서 듣게 되는 경험은, 가해자에게 수치심을 불러일으키고 피해자에게도 가해자와 동등한 힘이 있음을 깨닫게 한다.

학교폭력을 알리라는 말 또한 엄벌에 처하라는 뜻으로 오해하지 말아야 한다. 그동안 내가 만나본 피해자들이 지닌 트라우마의 크기와 가해자에게 내려진 처벌 수위는 비례하지 않았다. 가해자가 중징계를 받았어도 트라우마가 오랫동안 남은 피해자가 있는 반면, 가해자가 경미한 징계를 받거나 심지어 징계를 받지 않았어도 신고 자체가 트라우마 극복에 도움이 된 피해자들도 있다.

사실 피해자 입장에서는 가해자가 어떠한 처벌을 받는다 한들 그 피해가 온전히 회복될 수 없다. 징계와 처벌은 가해자에게 행위에 따른 책임을 묻는 것이자 피해자의 여러 욕구 중 응보적 해소라는 일부만을 충족하는 것이지, 학교폭력 자체의 해결책이나 트라우마 극복의 만능 열쇠가 아니다.

따라서 학교폭력 트라우마는 신고 후의 결과가 아니라, 학교폭력을 알리고 공적인 절차를 밟으면서 피해자가 목소리를 내고 가해자로부터 사과와 반성을 끌어내며 피해자의 가족들이 피해자를 전적으로 지지하고 아픔을 공유하는 과정에서 치유될 수 있는 것이다.

가해자의 사과와 반성

학교폭력을 알리는 것은 가해자로부터 사과받기 위한 출발점이기도 하다. 그런데 이따금씩 가해자가 사과하면 피해자가 그를 용서하는 것이 되고 그것이 곧 화해라고 생각해 사과 받기를 거부하는 경우가 있다. 때로는 가해자에게 사과할 의지가 있는데, 사과를 받으면 가해자의 처벌에 유리해질까 봐 거부하기도 한다.

이는 가해자 처벌이 학교폭력 신고의 목적이라는 오해에서 비롯된 것이다. 사과를 받고 화해할지, 용서할지는 온전히 피해자에게 달려 있는 것이지 가해자는 그런 주도권이 없다. 그러니 가해자가 사과하기도 전에 거부하기보다는 적어도 그가 어떤 말을 하는지 들어보기를 바란다. 진정성 있는 사과라면 가장 좋겠지만, 형식적인 것에 불과하게 느껴질지라도 가해자는 자신보다 힘이 약하다고 생각했던 피해자에게 자존심과 체면을 굽히고 잘못을 인정하는 과정을 겪었을 것이다. 그런 점에서 가해자의 사과는 학교폭력으로 인한 인격 훼손을 복원하는 데 기여한다고 볼 수 있다.

피해자의 보호자가 사과를 원천 거부해 정작 피해 당사자가 사과받지 못하는 경우도 많다. 보호자로서 학교폭력 사건에 대해 화가 나고 분노를 느끼는 것은 당연하나, 자신들의 감정 때문에 당사자가 사과받을 기회 자체를 박탈하는 것은 피해자의 트라우마 치유에 바람직하지 않다.

흔히들 피해자들이 가장 바라는 것은 가해자에 대한 엄벌이라고 생각하지만, 실제 학교폭력 피해자들의 이야기를 들어보면 그들이 가장 바라는 것은 가해자의 진심 어린 반성과 사과라는 것을 알 수 있다. 학교폭력 피해자들을 대상으로 한 실태 조사[58]에서도 피해 후 가장 필요한 것으로 '가해학생의 진심 어린 반성과 사과'가 34%, '가해학생에 대한 처벌'은 19.8%로 처벌보다 사과를 우선시한다는 결과가 나왔다.

한편 가해자에게도 사과는 필요하다. 가해자 역시 당사자의 의지와 반대로 보호자가 사과를 가로막는 경우가 있다. 사과하면 잘못을 인정하는 것이 되니까, 아이 자존심이 혹은 보호자 자신의 자존심이 상할까 봐 그릇된 판단을 하게 된다. 그러나 바람직한 보호자이자 가해학생이 올바르게 성장할 수 있기를 바라는 보호자라면, 잘못한 것이 있으면 마땅히 사과해야 한다는 사실과 진심을 담아 사과하는 방법을 가르치고 가해학생이 그것을 배울 기회를 주어야 한다. 아이를 잘못에 대해 사과할 줄도 모르고 평생 누군가의 원망을 받는 가해자로 기르고 싶지 않다면 말이다.

가해자도 피해자와 마찬가지로 반성과 사과를 원한다. 설문 조사[59]에서 가해 후 가장 필요한 것이 무엇인지 묻는 질문에 대해 가해학생의 22.1%가 '가해 행동과 아닌 것을 구별할 수 있도록 정확한 정보나 교육을 해주는 것', 20.5%가 '반성과 용서의 마음을 전달할 기회를 주는 것', 16.1%가 '상대학생에게 사과할 기회를 주는 것'이라

---

58 「2022 전국 학교폭력·사이버폭력 실태조사」, 푸른나무재단, 2022.
59 앞의 자료.

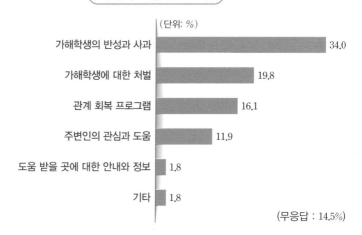

피해 후 가장 필요한 것

(단위: %)

가해학생의 반성과 사과	34.0
가해학생에 대한 처벌	19.8
관계 회복 프로그램	16.1
주변인의 관심과 도움	11.9
도움 받을 곳에 대한 안내와 정보	1.8
기타	1.8

(무응답 : 14.5%)

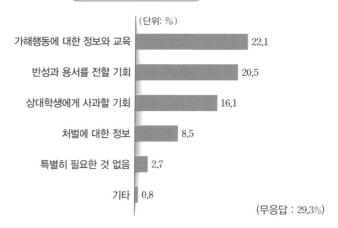

가해 후 가장 필요한 것

(단위: %)

가해행동에 대한 정보와 교육	22.1
반성과 용서를 전할 기회	20.5
상대학생에게 사과할 기회	16.1
처벌에 대한 정보	8.5
특별히 필요한 것 없음	2.7
기타	0.8

(무응답 : 29.3%)

푸른나무재단에서 실시한 「2022 전국 학교폭력·사이버폭력 실태조사」를 보면 피해자와 가해자 모두 사과를 주고받을 기회를 필요로 한다는 것을 알 수 있다.

고 응답했다.

　가해자와 피해자의 마음이 일치한다면 현행 제도에 마련되어 있는 '관계 회복 프로그램'을 활용하는 것도 도움이 될 수 있다. 관계 회복 프로그램은 자신의 감정과 욕구를 진솔하게 표현하고 상대의 이야기를 듣는 경험을 통해, 각자의 회복과 성장을 촉진할 수 있고 최종적으로 관계 개선을 통한 회복을 도모한다는 데 의미가 있다.[60] 특히 가해자가 적절한 방법을 몰라 사과를 하고 싶어도 그르치는 경우들이 있는데, 관계 회복 프로그램을 통해 이런 문제를 해결할 수 있다.

　일례로, 초등학교 6학년이었던 피해학생 A와 가해학생 B는 같은 반 친구였다. 둘은 학기 초만 해도 친하게 지냈지만, 어느 날 축구 경기에서 A가 주변 친구들의 칭찬을 듣자 B는 자신이 주목받지 못하는 것에 불만을 느꼈다. 그 뒤로 B는 자신이 배운 복싱을 보여준다는 핑계로 A를 때리고, 교실에서 A가 놀이에서 졌다는 이유로 친구들 앞에서 A를 욕하고 정강이를 발로 찼다. 이후 학급 단체 채팅방에서도 지속적으로 A를 조롱하고 모욕했다.

　이 사실을 알게 된 A의 부모님은 학교폭력 신고를 했고, 사건이 공론화되자 B는 자신의 잘못을 인정하며 A에게 사과하고 싶은 마음이 있음을 밝혔다. 그리고 A도 B가 사과할 마음이 있다면 이야기를 나누어 보고 싶다며 관계 회복 프로그램을 신청했다. 다만

---

60 「학교폭력 사안처리 가이드북」, 교육부, 2023.

A와 그 부모님은 관계 회복 프로그램에 참여하는 목적이 B와 화해하고자 함은 아니며 프로그램에 참여하는 태도가 못마땅할 시 언제든 학교폭력대책심의위원회에 상정할 의사가 있음을 전제로 했다.

관계 회복 프로그램을 진행하며 A는 B가 자신을 때리거나 발로 차고 반 학생들 앞에서 놀릴 때 고통스럽고 창피했다고 말했다. 자신은 B를 친구로 생각했는데, 친구 때문에 피해학생이 된 것이 억울하며 남은 초등학교 6학년과 그 후에 같은 중학교에 진학하게 되면 괴롭힘이 지속될까 두렵다고 자기의 감정을 표현했다. 그리고 B가 앞으로 괴롭히지 않을 것을 약속함으로써 안정감을 느끼고 싶다고 자신이 원하는 바를 밝혔다.

한편 B는 자신의 행동이 장난이라고 생각했으며 자신을 곧바로 학교폭력 가해자로 신고한 것에 서운함을 느꼈다고 했다. 그러나 A의 힘들었던 감정을 전달받고는, 자신으로 인해 고통스러웠을 A에게 미안한 마음을 표현하고 싶고 지난 행동을 후회한다고 했다.

이렇게 각자의 감정과 원하는 사항을 파악한 후 화해 조정 전문가의 중재하에 두 학생이 대면하는 시간을 가졌다. B는 A에게 오랜 시간 고통을 준 것에 크게 후회하고 있으며 다시는 폭력을 행사하지 않겠다고 적극적으로 약속했다. A는 프로그램을 통해 B가 자신의 행동을 어떻게 받아들이고 있는지, 자신의 아픔에 공감하고 있는지를 알게 되었다며 큰 만족감을 드러냈다. 다만 B의 사과를 받아주는 것과 별개로 B의 약속을 신뢰하기까지는 어느 정도 시간이 필요함을 밝히며 이해를 구했다. A의 부모님은 A가 품고 있던 마음의 상처가 치유되었음을 느껴 더는 학교폭력대책심의위원회 절차가 필요하지 않다고 판단하고 사건을 종결지었다.

이처럼, 징계와 처벌은 학교폭력 해결을 위한 여러 수단 중 하나이지 그 자체가 목적은 아니다.

회복적 정의를 실현하고, 폭력이 지속되지 않게 중단시키며, 가해자의 사과와 적정한 책임을 이끌어 내는 것. 학교폭력 알리기는 트라우마 치유의 시작이다.

우리의 역할은 무엇일까

학교폭력 트라우마 극복을 위한 사회 구성원의 역할

학교폭력 트라우마를 혼자서 극복하기는 대단히 버거운 일이다. 피해자가 학교폭력 트라우마에서 벗어나기 위해서는 피해자뿐만 아니라 피해자의 가족, 또래 친구, 교사와 학교의 역할도 중요하다. 이들이 어떻게 하느냐에 따라 트라우마는 조기에 치유될 수도 있고, 오히려 악화될 수도 있다.

보호자 및 가족의 역할

앞서 피해자 사례에서 보았듯 학교폭력 트라우마를 극복하는 데는 피해자 부모님의 끈질기고 눈물겨운 노력이 함께했다. 어린 피해자에게 있어서 가장 의지할 수 있고 온전한 도움을 받을 수 있는 사람은 바로 보호자이다.

피해학생이 학교폭력 피해사실을 알렸다는 것은 이제는 더 이상 혼자 버티기 힘들고 도움이 필요하다는 간절한 요청이기도 하다. 그런데 보호자가 학교폭력을 별일 아니라고 치부하거나, '네가 참아라', '네가 강해져야지', '스스로 이겨내야 해', '학창시절에는 누구나 겪는 일이야', '곧 학년이 바뀌니 그때까지만 참아' 등의 말로 사건에 개입하지 않으려 한다면 피해자는 더 상처받고 좌절할 수밖에 없다. 최악의 경우 보호자가 자녀에게 "왜 당하고 사느냐"며 다그치고 비난하기도 한다. 그렇지 않아도 학교폭력으로 자존감이 낮아진 피해자에게 가장 든든한 지원자여야 할 보호자마저 자신을 비난하는 상황이니, 피해자는 역시 자신이 못나서 당한 거라고 생각하면서 자존감을 완전히 상실하게 되고 트라우마는 악화일로(惡化一路)를 걸을 수밖에 없다.

피해자 대부분은 자신의 학교폭력 피해를 보호자에게 섣불리 말하지 못한다. 성인이 지난 한참 뒤에야 겨우 말하거나 그마저도 못하고 혼자 삭이기도 한다. 피해자들이 보호자에게 피해를 털어놓지 못하는 이유는 보통 불안과 수치심에 기반한다. 보호자가 힘들어할까 봐, 학교생활을 잘할 거란 기대에 부응하지 못한 자신에게 실망할까 봐, 자신이 피해자가 된 사실이 수치스러워서 등 여러 이유로 피해자는 함구한다.

문제는 보호자 역시 자녀의 학교폭력 피해를 쉽사리 알아차리지 못한다는 것이다. 이것은 '학교폭력은 문제 있는 아이들에게나 발생하는 것', '나와는 무관한 일이고 언론에서나 접하는 것'이라는 안일함과 낙관적인 생각에서 비롯된다.

학교폭력은 누구에게나 발생할 수 있다는 생각으로 평소에 관심을 기울인다면 자녀가 사소하게 달라진 모습도 눈치챌 수 있고, 자녀의 피해 여부를 알고자 노력해 조기에 개입할 수 있다. 또 실제 학교폭력이 발생했을 시 신고나 고소 절차 등을 몰라 우왕좌왕

148

하고 제대로 된 대처를 하지 못해 자녀에게 불리해지는 상황도 막을 수 있다.

자녀가 학교폭력을 당하는 것은 보호자에게도 무척 힘든 일이다. 그러나 보호자인 내가 힘든 것이 피해 당사자인 자녀의 힘듦보다 우위가 돼서는 안 된다. 그렇지 않아도 보호자가 힘들어할까봐 말도 잘 못하는 게 피해자이다. 그런 피해자 앞에서 분노하고 힘들어하고 극도로 불안해하는 등 감정적인 모습을 보인다면, 피해자는 보호자를 의지할 수 있는 대상으로 생각하지 못하고 자기 때문에 힘들어 한다며 자책하게 된다. 그리고는 더 입을 닫아버릴지도 모른다. 따라서 힘든 감정을 다른 방법으로 해소하더라도, 최소한 자녀 앞에서는 의연한 모습과 함께 '최선을 다해 너를 도와주고 보호할 것'이라는 인상을 심어주길 바란다.

보호자의 전폭적인 지지와 안정된 애착 관계는 피해자가 학교폭력 트라우마를 극복하는데 도움을 준다.[61] 보호자가 학교폭력 피

61 오승환, 「청소년의 집단괴롭힘 관련 경험에 영향을 미치는 생태체계적 요인 분석」, 정신건강과 사회복지(25).

김선아, 「중학생의 스트레스와 애착이 폭력가해와 피해경험에 미치는 영향」, 한국청소년연구 vol16(2), 2005.

Rigby, K., Slee, P. T. & Martin, G., 'Implications of inadequate parental bonding and peer victimization for adolescent mental health', Journal of Adolescence vol30(5), 2007.

Troy, M. & Sroufe, L. A, 'Victimization among preschoolers: Role of attachment relationship history', Journal of the American Academy of Child & Adolescent Psychiatry vol26(2), 1987.

해 사실을 알았을 때 적극적으로 개입하는 모습을 보며 피해자는 가장 든든한 지원군이 생겼다는 안정감을 느낀다. 반대로 가해자에게는 어른들이 개입해 자신과 맞서려 한다는 사실이 큰 충격으로 다가오게 된다.[62] 언제까지나 마음대로 폭력을 가할 수 있을 것 같았던 자신의 철옹성이 붕괴되는 것을 느끼며 더 이상 피해자를 함부로 대하지 못한다.

그러나 학교폭력 대응 절차가 끝났다고 해서 피해자의 트라우마가 곧바로 없어지지는 않는 것처럼, 절차 이후에도 보호자는 피해 자녀에 대한 지속적인 관심과 보살핌, 지원과 격려를 이어가야 한다. 앞서 서준이 가족은 학교폭력을 극복해가며 결과적으로 많은 것을 배웠고 "뼈아픈 성장을 했다"고 말했다. 가족이 의견을 공유하고 힘을 합쳐 힘든 시기를 해결해 나가는 것은, 피해자의 회복탄력성이 향상되고 가족들의 응집력이 강화되는 긍정적인 결과도 가져올 수 있다.[63]

교사와 학교의 역할

1부에서 수연이는 학교폭력에 시달렸던 중학교 1학년 당시 용기를 내서 담임 선생님에게 피해사실을 이야기하고 도움을 요청했지만, 선생님은 사건을 대수롭지 않게 받아들여 가해학생들의

---

62 후지모리 다케시, 홍상현 역, 「이지메, 해결의 정치학」, 나름북스, 2015. 90~91쪽

63 방기연, 「풍랑을 헤치고 앞으로 나아가기: 학교폭력 피해 극복 학생 어머니의 경험」, 한국심리학회지 vol1(12), 2014. 18쪽

거짓말을 확인하지도 않고 어떠한 조치도 해주지 않았다. 이런 선생님의 태도에 수연이는 무력감을 느꼈고, 담임 선생님의 방관으로 학교폭력이 조기에 해결되지 못한 것이 트라우마를 악화시키는 계기가 되었다. 반면 중학교 3학년에 들어서는 새로운 담임 선생님이 수연이의 이야기에 귀를 기울이고 위 센터 상담을 연결해 주는 등 도움을 주었고, 학교폭력 신고를 할 수 있게 용기를 북돋아 주었다. 상담 선생님의 적극적인 중재 시도로 가해학생 중 1명으로부터 사과를 받은 것도 트라우마 극복 요인 중 하나였다.

이처럼 학교폭력 발생 시 교사와 학교가 어떻게 대처하느냐에 따라 피해자에게는 도움이 될 수도 있고, 반대로 2차 가해가 될 수도 있다. 학교폭력의 추가적인 피해를 막기 위해서는 학급에서 학교폭력을 감지했을 때 교사가 바로 개입해 가해자의 행동을 개선해 주고, 피해학생을 도울 수 있도록 학생들을 교육하는 것이 중요하다.[64]

피해자가 도움을 요청했는데 교사가 자의적으로 판단해 별다른 조치를 하지 않거나, 학교폭력이 발생했는데 가벼운 사안이라고 판단해 보호자에게 전달하지 않고 양측의 화해를 종용해 종결시키는 경우도 많다. 하지만 교사가 보기에 경미해 보이더라도 그 사건의 내막을 짧은 시간에 다 알기는 어려운 일이다. 또한 피해

---

64 임재연, 박종효, 「학교폭력 예방 및 대처를 위한 교사역량 진단척도 개발 연구」, 교육학연구 vol53(3), 2015.

자가 어느 정도 피해를 느끼는지 파악되지 않은 상태에서 섣불리 단정해서는 안 된다. 교사가 피해자가 겪은 일을 가볍게 여길 시 피해자는 공감을 얻지 못하고 도움을 받을 수 없다는 좌절감, 선생님에게 말해도 소용이 없다는 무력감에 빠진다.

성급하게 양측 학생을 화해시키는 것도 큰 문제를 야기할 수 있다. 가해자와 피해자 모두 사과를 주고받을 의사가 있는지 확인하지 않고 가해자가 자신이 뭘 잘못했는지 정확히 인지하지 않은 상황에서 화해를 시킨다면, 사건이 제대로 매듭지어지지 못하고 가해자도 '사과했으니 그만'이라며 반성이 이루어지지 않아 학교폭력이 재발할 우려가 높다.

이렇듯 교사의 개인적 판단에 따라 학교폭력 사안을 처리해서는 안 되며, 공식적인 절차에 따라 엄격하게 처리하는 것이 피해자와 가해자 모두에게 도움이 되고 사안의 심각성을 느끼게 하는 교육적 효과를 이끌어낼 수 있다.[65]

그리고 교사가 적극적으로 피해자를 돕겠다고 그를 중점적으로 관찰하거나 다른 학생들에게 주목받을 만큼 특별히 대하는 것도 좋지 않다. 실제로 한 중학생이 학교폭력 피해 사실을 알렸다가 담임 선생님이 급식을 먹을 때 자기와 마주 보며 먹게 한 것에 부담감을 느껴 등교를 거부한 사례가 있다. 선생님과 단둘이 급식을

---

65 임재연, 「학생이 경험한 학교폭력 예방 및 대처 관련 교사역량에 관한 연구」, 한국심리학회지:학교 vol14(2), 2017. 14~15쪽

먹는 모습이 학생들의 눈에 띄어, '따돌림을 당해서 선생님하고 먹는 것이냐' 등 수군대는 친구들이 더 많아졌다는 것이 이유였다. 이처럼 눈에 띄게 피해자를 돕는 것은 오히려 피해 당사자에게 불편함을 줄 수 있으므로, 교사는 그를 부각시키지 않는 정도에서 학급 활동에 자연스럽게 참여 및 적응할 수 있도록 돕는 것이 좋다.[66]

마지막으로, 학교장과 교사들의 태도는 학교에서 학교폭력이 만연하게 될지를 결정하는 중요한 요소이다. 학교에서 폭력을 묵인하고 학교폭력을 가볍게 여길 때 학교폭력은 더 빈번하게 일어난다.[67] 학교의 소극적 대처는 피해자가 도움을 요청하기 어렵게 하고, 가해자에게는 학교에 강하게 대처할 의지가 없음을 학습시켜 더욱 쉽게 폭력을 저지르게 만든다.

학교폭력이 지속되지 않고 폭력을 허락하지 않는 분위기를 형성하기 위해서는, 담임 교사가 학급 내에 폭력을 당하는 학생이 있는지 수시로 관찰하고, 피해를 받는 것으로 추정되는 학생이 눈에 띄면 해당 학생을 불러 상담하고 주변 학생들을 통해 사안에 관한 정보를 탐색하는 역할을 수행해야 한다. 그리고 학교장을 비롯한 교사들은 학교폭력에 대한 단호한 지도력으로 공식적인 절차에 따라 엄격하게 사건을 다루는 태도를 보여야 한다.

---

66 같은 논문, 17쪽

67 허승희, 이희영, 「학교폭력의 학교 생태학적 요인과 대처 방안 ─ 미시체계와 중간체계를 중심으로」, 수산해양교육연구 vol3(16), 2019, 4쪽

또래 친구의 역할

피해자의 학교폭력 트라우마 형성에 큰 영향을 미치는 한 요인으로, 학교폭력을 방관하고 모르는 척하는 방관자들 그리고 학교폭력을 강화하는 강화자들이 있다.

주변 학생들의 방관은 학교폭력에 대한 암묵적 동조로 해석되어 가해자들은 더 과감히 학교폭력을 행사할 수 있게 된다. 주변 학생들이 '나만 아니면 된다'는 생각으로 학교폭력을 방관할 때, 그들은 가해학생이 피해학생을 괴롭히기 위해 만든 트집거리의 덫을 덥석 잡는다. 그들은 '피해학생은 문제가 있어 괴롭힘을 당하는 것이고, 따라서 도와주지 않아도 괜찮다'는 식의 자기방어를 하면서 죄책감을 해소하고 자신이 옳지 못한 행동을 하고 있다는 생각에서 벗어나려 한다.

가해자가 피해자를 고립시키기 위해 평소 친하지도 않은 방관자 입장의 학생에게 친한 척하면서 함께 놀자고 할 때가 있다. 이때 방관자는 힘의 차이 때문에 어쩔 수 없이 혹은 아무 생각 없이 가해자의 의도에 따라 행동한다. 그러나 이는 가해자가 방관자를 이용하는 것이며, 결과적으로 그의 폭력을 강화해 주는 행위가 된다.[68]

방관자는 자신에게는 문제가 없기 때문에 괴롭힘을 당하지 않을 것이라는 낙관적인 안도감을 느낀다. 그러나 폭력이 만연한 교

---

68 이혜정, 송병국, 「학교폭력에서 여자 청소년의 방관 경험에 대한 현상학적 연구」, 청소년복지연구 vol21(2), 2019.

실과 학교에서는 누구라도 언제든 학교폭력 피해자가 될 수 있다. 피해자를 도와야 한다는 거창한 생각이 아니라 그저 자신이 학교폭력 피해자가 되지 않기 위해서라도, 주변 학생들은 피해자를 돕고 가해자가 민망해지는 상황을 만들어야 한다.

한편, 학교폭력이 발생했을 때 방관자가 아닌 방어자 역할을 하는 친구들이 있다. 학교폭력 피해자는 방어자로부터 아주 큰 힘을 얻는다. 방어자는 피해자를 도와주고 가해자를 제지하며, 주위 친구들에게 방어 행위를 독려하고, 선생님에게 도움을 청하는 등 적극적으로 학교폭력을 방어하는 역할을 맡는다.[69]

방어자는 말과 행동을 통해 직접적으로 피해자를 돕는 것은 물론, 위협적인 상황을 파악하고 기지를 발휘해서 피해학생이 괴롭힘으로부터 벗어날 수 있도록 한다. 따돌림을 당해 고립된 피해자에게 먼저 다가가 말을 걸고 함께 있어 주거나 그의 마음을 위로하며, 학교폭력을 신고할 수 있도록 용기를 주기도 한다. 반대로 가해자에게는 폭력 상황을 몸으로 말리거나, 하지 말라고 소리치거나, 위험한 물건을 빼앗거나, 언어폭력을 할 때 지나친 발언이라고 지적하는 등의 방식으로 상황을 저지한다. 가해자가 피해자를 따돌리기 위해 피해자를 제외한 학급 단체 채팅방을 새로 개설하자, 몇몇 방어자 역할의 학생들이 "너 이렇게 한 친구만 빼고

---

69 이영기, 선혜연, 「초등학교 학교폭력 피해아 방어자의 경험에 대한 질적 연구」, 교육연구논총 vol3(1), 2016, 262쪽

채팅방 만드는 건 따돌림이지"라고 지적하며 곧바로 피해자를 채팅방에 초대해 피해를 막은 사례도 있었다.

그 외에도 방어자는 친구들에게 도와달라고 요청하거나, 함께 방어자 역할을 하도록 독려할 수 있다. 학교폭력 사건이 발생했을 때 곧바로 선생님께 알리고, 현장으로 선생님을 데려오고 더 나아가 학교폭력 사안 조사 시 자신이 목격한 상황을 객관적이고 진실하게 증언할 수도 있다. 방관자들이 방어자가 되는 순간 가해자는 더 이상 폭력을 행사하기 어렵게 되고 오히려 소수가 되며, 피해자는 주변 친구들이 도와주는 것에 힘을 얻고 더 이상 위축되지 않게 된다.

피해자들은 학교폭력 발생 이후 트라우마 극복에 있어 공통적으로 또래 친구의 도움, 공감, 위로에서 아주 큰 힘을 얻었다고 한다. 특히 '잘못이 있어서 당한다'라는 편견에서 벗어나 자신을 있는 그대로 봐 주고, 심적으로 힘들어하는 상황에서도 묵묵히 곁을 지켜주는 친구들의 존재가 크다고 피해자들은 말한다.

결국 사람으로 인한 상처는 사람으로 인해 치유된다. 자신을 좋은 사람으로 봐 주고 곁에 있어 주는 친구들의 존재가 자신을 괴롭혔던 가해자보다 훨씬 크다는 것을 느낄 때, 가해자는 더 이상 피해자의 삶에 영향을 주지 못하는 작은 존재가 된다.

그 외 사회 구성원의 역할

학폭 미투 이후 '학교폭력은 피해자의 잘못이 아니며 가해자가 부끄러워하고 비난받아야 하는 일'이라는 사회적 분위기가 자리 잡았다. 하지만 '피해자에게 당할 만한 이유가 있어서 당했을 것'이라는 시선도 여전히 존재한다.

이러한 시선은 학교폭력 사안 조사, 학교폭력대책심의위원회가 진행되는 과정에서도 은연중에 드러나는데, 피해자에게 '너도 잘못한 것이 있지 않니?', '너의 이런 행동 때문에 상대방이 그런 것 아닐까?', '너에게 원인이 있다고는 생각해 보지 않았니?', '소심하고 거절을 잘 못하는 성격이 이렇게 일을 키운 것 같구나' 등의 발언을 하는 경우가 있는 것이다. 이런 말을 들은 피해자로서는 정말로 자신에게 잘못이 있는 것인지 혼란을 느끼게 되고, 자존감 역시 더 낮아질 수밖에 없다. 결국 또 다른 2차 가해가 되는 것이다.

주변 학부모들도 마찬가지다. 학급에서 일어난 학교폭력 이야기를 들었을 때 '가해자가 뭔가 이유가 있으니까 그런 것 아니겠냐'는 식의 반응을 보이는 건 아이들에게 '학교폭력은 당할 만한 애가 당하는 것'이라고 가르치는 것이 되고 만다.

일부 학부모는 학교폭력을 목격한 자녀에게 '괜히 오지랖 부리지 말고 공부나 하라'며 피해자를 돕지 못하게 하거나 증인으로서 학교폭력에 관한 진술을 하는 것조차 가로막는다. 심지어 자기 자녀에 대해서는 사안 조사를 하지 말라고 학교에 연락하기도 하고, 자녀가 진술서를 썼다는 사실을 알게 되면 '왜 보호자 동의도 없이 마음대로 불러서 진술서를 쓰게 했냐'며 민원을 넣기도 한다.

이런 행동은 그야말로 사건 해결을 가로막고 학교에 폭력이 만연하도록 부추기는 것과 다름없다. 언론에서 보도되는 유명인의 과거 학교폭력에 대해서는 지적하면서, 정작 자녀가 다니는 학교에서 현재 진행되고 있는 학교폭력에 대해서는 외면하라고 가르치는 것이다. 고통을 외면하는 어른의 비겁함을 아이에게도 그대로 물려주려는 태도를 부끄럽게 여기길 바란다.

학교폭력을 여전히 애들 싸움으로 치부하는 수사기관의 안일한 태도도 생각해 볼 문제이다. 2017년 9월, 부산에서 4명의 중학생이 또래 학생 1명을 집단 폭행하고 이 장면을 촬영했다. 그들은 마치 자랑하듯 SNS를 통해 가해 사진을 유포했다. 이때 사건을 담당한 경찰은 언론 인터뷰에서 "'싸가지가 없다', '태도가 불량하다'는 이런 사소한, 애들끼리 있을 수 있는 그런 이유로 발생한 사안이다", "피해학생이 머리에 타박상을 입었는데 땀하고 뒤범벅되어서 그렇지, 사진처럼 그렇게 많이 다친 게 아니다"라며 사건을 가볍게 여기는 듯한 태도로 대중의 분노를 샀다. 게다가 그가 순찰 도중에 가해자들이 피해자를 끌고 가는 걸 보고도 그냥 지나쳤고, 신고를 받고 출동했음에도 현장에서 약 10초간 방관하다가 그대로 돌아가 버렸다는 사실도 뒤늦게 밝혀졌다.

최근에도 경찰의 학교폭력에 대한 인식 문제가 불거진 사건이 있었다. 2023년 1월, 대구에서 2명의 중학생이 또래의 피해학생을 모텔로 데려가 옷을 벗게 한 뒤, 나체 상태에서 춤을 추게 하고 추행하는 모습을 SNS 실시간 방송으로 생중계한 사건이 발생했다. 라이브 방송을 보던 학생 중 몇 명이 사안의 심각성을 느껴 경찰에 신고했는데, 현장에 출동한 경찰은 장난이었다는 말만 믿고 가해자들과 피해자를 분리하지도 않은 채 귀가시켰다. 후에 가해자들이 정보통신망법상 음란물유포죄로 징역 4년의 실형까지 받았을 만큼 중대한 사건이었음에도 안일한 태도를 보인 경찰의 초기 대응에서 그들이 사건을 얼마나 가볍게 봤는지를 알 수 있다.

아무리 가해자에 대해 큰 불이익을 주는 규정이 마련되어도 사건 발생 시 엄중하게 사안을 대하지 않으면 피해자는 보호받을 수 없다. 학교폭력은 우리와 무관한 것이 아니다. 언제든 나도, 내 친구도, 내 자녀도 피해를 입을 수 있다는 경각심을 가지고 학교폭력에 민감해져야 한다. 도움의 손길을 받지 못해 사적 복수라는 선택을 하는 피해자가 생겨나지 않도록, 학교폭력은 피해자 잘못이 아니라는 인식을 퍼트리고 피해자가 아닌 가해자가 소수가 되고 책임을 지는 입장이 되도록 해야 할 것이다.

심리상담과 전문 치료

학교폭력 트라우마 극복에 도움받을 수 있는 기관

심리상담을 통한 치료

심리상담이란 상담이 필요한 내담자와 전문 상담자가 고민거리에 관해 이야기를 나누면서 고민을 해결해 나가는 과정을 말한다. 상담자는 내담자가 자신을 이해할 수 있도록 돕고, 혼자서 문제를 해결하지 못하는 심리적 원인을 파악한다. 지속적인 상담은 심리적 안정을 주고 내면의 힘을 고취하며 궁극적으로 내담자가 고민을 해결할 수 있게 돕는다.

학교폭력 피해자에게 심리상담이 도움이 되는 이유는, 피해자가 상담을 통해 정서를 자각하고 조절할 수 있기 때문이다. 학교폭력의 후유증은 여러 부정적인 정서를 가져온다. 불안·우울같은 감정을 막연히 느끼고 그 속에서 어떻게 살아야 하는지 알지 못하는 것과, 내가 지금 느끼는 부정적 정서가 무엇이고 그 원인은 무엇인지 그리고 어떻게 조절해야 하는지를 아는 것은 전혀 다르다. 피해자는 심리상담을 통해, 자해와 같이 건강하지 못한 방법으로 감정을 해소하려는 충동을 막고 올바른 방법으로 정서를 조절하는 방법을 배울 수 있다.

또 다른 이유는 상담을 통해 공감을 얻고 부정적인 감정을 해소할 수 있기 때문이다. 흔히들 가까운 친구들과 수다를 떨었더니 스트레스가 풀린다고 느끼는 것과 같은 이치이다.

상담을 통해 자신을 객관화해서 볼 수 있다는 점도 피해자에게 상담이 효과적인 이유다. 혼자서만 생각하면 '내가 잘못해서 사건이 발생했다'고 자책하거나, '나 혼자만 유난히 힘들어한다'고 생각할 수 있다. 하지만 상담을 진행하면서 괴롭힘을 당한 것은 자신의 탓이 아니라는 것, 불안과 우울 등은 당연히 겪는 감정이자 반응임을 이해하면서 자신을 객관화해서 볼 수 있게 된다.

아래는 학교폭력 피해자를 지원하고 관련된 상담을 받을 수 있는 기관 목록이다.

• 위 클래스 · 위 센터

교육부는 '위Wee 프로젝트 사업 관리 · 운영에 관한 규정'[70]에 따라 '위 프로젝트'라는 이름으로 학교생활 중 일어날 수 있는 위기를 예방하고, 위기에 처한 학생에게 상담·치유 등을 지원하는 사업을 운영하고 있다. 초·중·고등학교를 다니고 있는 학생이라면 위 클래스, 위 센터, 병원형 위 센터 지원을 받을 수 있다.

위 클래스는 학교 내 단위 기관으로, 각 학교에 마련되어 있는 상담실에서 상담을 받을 수 있으며 2022년 기준 8,619곳의 학교에

서 운영 중이다.

위 센터는 각 시·도 교육지원청 206개소에 마련되어 있으며, 소속 학교에 위 클래스가 없거나 위 클래스에서 상담받기 어려운 학생, 위 클래스에서 연계한 학생들은 직접 또는 보호자의 신청을 통해 심리평가, 개인·집단상담, 심리치유 등을 지원받을 수 있다. 또한 각 시·도 교육청에는 16개교의 위 스쿨을 운영한다. 위 스쿨은 가정의 돌봄을 받지 못하거나 대인기피증, 심리적·정서적 어려움으로 학교에 적응하지 못해 상담을 비롯한 중·장기 위탁 교육 및 치유가 필요한 고위기 학생을 대상으로 하며, 소속 학교를 통해 공문으로 신청한다.

고위기 학생에게 더욱 심층적인 지원을 하기 위한 병원형 위 센터도 13개소가 운영 중이다. 병원형 위 센터는 심리적·정서적 어려움으로 치료가 필요한 학생에게 상담·교육·치료와 의료자문, 뿐만 아니라 전문의의 병원 치료까지 지원하는 위탁기관으로서 보호자나 학교의 신청을 통해 지원받을 수 있다.

• 청소년 상담복지센터

여성가족부 산하 공공기관인 한국청소년상담복지개발원은 전국에 청소년 상담복지센터를 통해 청소년을 지원하고 있다. 전국 240개의 지역에 청소년 상담복지센터가 있어 만 9세부터 만 24세의 청소년이라면 한국청소년상담복지개발원 홈페이지(www.kyci.or.kr)를 통해 가까운 센터를 확인 후 이용할 수 있다.

• 청소년 전화 1388

청소년 또는 청소년의 보호자라면 날짜와 시간에 구애받지 않고 상담전문가와 전화 상담을 할 수 있다. 지역 번호와 1388을 누르면 가까운 센터의 상담사와 연결되며 통화료는 무료이다. 위기 긴급 상담의 경우, 필요에 따라 청소년을 직접 찾아가는 긴급 구조 활동도 하고 있다.

• 정신건강복지센터

지역 내 정신적으로 어려움을 겪는 주민들을 위해 전문적인 상담과 프로그램 등 정신 건강에 필요한 서비스를 제공하는 공공 기관이다. 현재 광역 정신건강복지센터는 16곳, 기초 정신건강복지센터는 244곳이 개설되어 있다. 가까운 정신건강복지센터에 방문하거나, 정신건강위기 상담전화(1577-0199)를 하면 정신건강 전문요원 등이 상담 및 기관을 연계하여 안내받을 수 있다.

• 푸른나무재단 상담 치료센터

푸른나무재단 상담 치료센터는 서울시교육청과 경기도교육청에서 지정한 학교폭력 피해 심리상담 및 조언·일시보호 기관이다. 학교폭력으로 심리상담이 필요한 아동·청소년, 성인에게 상담과 기타 필요한 지원을 제공하고 있으며 보호자 상담도 진행한다. 온라인상담 게시판과, 카카오톡 플러스친구, 상담 문의 전화(02-598-1640)를 통해 구체적으로 안내받을 수 있다.

• 사설 심리상담센터

사설 상담센터에서 상담 및 심리치료를 받을 수도 있다. 다만 사설 심리상담센터가 워낙 많고 상담심리를 집중적으로 수련한 전문가 자격을 갖추고 있는지 확인이 어렵기 때문에 한국상담심리학회의 상담심리사 자격, 한국임상심리학회에서 발급한 임상심리전문가 자격, 보건복지부에서 발급한 정신건강임상심리사 자격 등을 가졌는지 확인한 후 방문하는 것을 권유한다.

한국상담심리학회 홈페이지(www.krcpa.or.kr)의 '상담심리사 찾아보기', 한국임상심리학회 홈페이지(www.kcp.or.kr)의 정보광장 카테고리에서 '임상심리학자 조회', '임상심리학자 개업 현황', '임상심리학자 근무병원'을 검색하더라도 자격을 갖춘 가까운 심리상담센터가 어디에 있는지 찾을 수 있다.

• 위드위WithWee 센터

위드위 센터는 교육부와 서울시교육청으로부터 위탁받아 푸른나무재단에서 운영 중인 학교폭력 피해학생 전담지원 특화센터이다. 위드위 센터는 학교폭력으로 상처받은 피해학생의 마음을 치유하는 프로그램은 물론, 여러 가지 체험활동과 학교로 복귀해 적응할 수 있도록 지원하는 학습·진로 멘토링 등 다양한 프로그램을 진행한다. 또 학교폭력 피해학생과 가족을 대상으로 모임을 개최하고, 컨설팅 및 법률 자문, 장학 지원 등 다각적인 지원책을 제공하고 있다.

학교폭력 피해 경험이 있는 학생과 그의 보호자라면 위드위센터로 전화 문의(02-598-1610) 후 이메일 서류 접수, 면접을 통해 기간별 맞춤 프로그램을 지원받을 수 있다.

• 학교폭력피해자가족협의회

학교폭력으로 희생되는 학생들이 발생하지 않도록 학교폭력을 근절하고자 설립된 학교폭력 피해자 가족들의 모임으로서, 2000년부터 현재까지 활동하고 있는 비영리단체이다. 학교폭력 피해학생이 상처를 치유하고 지역 내 지지기반을 마련해 학교생활을 안정적으로 이어갈 수 있도록 지원하며, 학교폭력으로 인해 함께 고통받는 가족들에게도 지속적인 상담과 치유 프로그램을 제공한다.

학교폭력피해자가족협의회는 '해맑음 센터'라는 학교폭력 피해학생 및 학부모를 위한 전국 단위의 기숙형 예술·심리 치유 기관도 운영 중이다. 위탁 교육을 신청하면 단기 2주 위탁 교육 또는 1년 단위의 장기 위탁 교육을 받을 수 있으며, 문제 해결 능력 향상·지속적인 상담과 치유·자존감 향상 및 학교 적응력 제고를 목표로 한다.

정신건강의학과를 통한 전문 치료

학교폭력 트라우마는 단지 일시적 감정으로 그치는 것이 아니라 신경학적 이상과 인지기능 저하 등 생물학적 변화를 동반하기 때문에 정신건강의학과의 전문적인 치료가 병행되어야 한다.

트라우마를 단순히 피해자 개인 의지로 이겨낼 수 있는 것으로 여기거나 병으로 인정하지 않아 치료가 제대로 이루어지지 않는 다면, 시간이 지날수록 트라우마가 더 악화될 수 있다. 감기에 걸리면 병원에 가고 이가 아프면 치과에 가듯 정신질환도 전문 의료기관의 치료를 받는 것이 필수이다. 따라서 주관적으로 자기 상태를 판단할 것이 아니라 최소한 병원에서 검사를 통해 상태를 확인하는 것이 좋다.

정신건강의학과는 심리상담센터와 달리 상담이 주를 이루는 곳이 아니라 정신의학적 진단에 따라 증세를 완화하고 치료하기 위해 약물치료를 하는 곳이라고 이해하면 좋겠다.

주도권은 나에게 있다
트라우마 극복을 위한 일상에서의 실천 방법

마지막으로 학교폭력 트라우마를 극복하기 위해 일상에서 실천할 수 있는 방법을 소개하려고 한다. 많은 사례가 뒷받침하듯 학교폭력 트라우마가 영원히 피해자를 괴롭힐 수는 없으며, 피해자는 언젠가 분명히 트라우마와 작별할 수 있다. 그리고 그 해결의 주도권은 바로 피해자 자신에게 있다.

그때의 기억이 계속 떠오른다

가해자들은 자신이 한 행위를 기억도 못하고 살아가는데, 피해자들에게는 마치 어제 일처럼 학교폭력의 기억이 생생하다. 언론에서 학교폭력에 대한 기사를 접하거나 비슷한 상황만 보더라도 그때의 기억이 떠오른다. 이 때문에 피해자들은 과거에서 벗어나지 못하고 괴로워한다.

주변에서는 이런 피해자들을 향해 "10년도 더 지난 일을 갖고 왜 인제 와서 그러냐", "이제 털어버릴 때도 되지 않았냐"같은 반응을 보인다. 피해자 역시도 스스로를 답답해하고 생각하지 않으려 하지만, 그럴수록 과거의 기억은 더 머릿속에 맴돌게 된다. 일주일 전 무슨 점심을 먹었는지는 기억나지도 않는데 왜 학교폭력의 기억은 몇 년이 지나도 지긋지긋하게 피해자를 따라다니는 걸까.

학교폭력과 같은 부정적 기억이 자꾸만 떠오르는 것은 피해자의 의지와 무관한 뇌의 영향 때문이다. 사람의 뇌가 긍정적인 것보다 부정적인 것에 초점을 맞추는 경향을 '부정적 편향negativity bias'이라 부르는데, 뇌가 생존에 유리하도록 진화된 결과이다.

콜롬비아 대학교의 뇌과학자 르네 헨René Hen 교수에 의하면, 뇌는 모든 것을 기억할 수 없기에 생존에 필요한 것을 먼저 기억하려고 한다. 공포, 두려움은 생존에 특히 중요하고 필요한 정보이다. 기억은 감정과 동반해 뇌에 저장되는데, 공포와 두려움 같은 강한 감정은 그것을 느끼게 한 기억과 함께 편도체에 저장된다.[71][72] 뇌는 그 감정들을 느꼈던 위험 상황을 다시 겪지 않게 하려고 방어기제로서 해당 사건에 대한 기억을 반복적으로 상기시킨다.

문제는 이 과정에서 단지 사실에 기반한 기억만 떠오르는 것이 아니라 함께 저장된 부정적 감정도 동시에 떠오른다는 점이다. 그래서 학교폭력 피해자들도 과거의 기억이 떠오를 때면 마치 어제 당한 것처럼 분노·자책감·무력감·후회를 느끼고 괴로울 수밖에 없는 것이다.

---

71 감정을 조절하고 공포 및 불안에 대한 학습 및 기억에 중요한 역할을 하는 뇌 부위
72 LeDoux JE., 'Emotional circuits in the brain', Annual Reviews of Neuroscience vol23, 2000. p.155-184

인식을 전환하기

우리는 학교폭력 피해자가 왜 자꾸 과거의 기억을 떠올리게 되는지 그 이유를 객관적인 사실로 알게 되었다. 과거의 기억이 떠오를 때마다 '뇌의 방어 기제로 또 기억이 떠오르는구나'라고 인지하는 것만으로도 피해자는 자신의 기억과 감정을 객관화해서 볼 수 있다. 이제부터 실천할 것은 '인식의 전환'이다.

학교폭력 트라우마를 극복한 피해자들에게 나타나는 공통점은 바로 '인식의 전환'이다.[73] 앞서 영은 씨와 혜정 씨가 트라우마를 극복한 결정적인 계기도 자신들의 인생에 가해자들이 아무런 영향을 주지 못한다는 사실을 깨달은 인식의 전환이었다.

'과거는 기억 속에 존재하는 것일 뿐 현재의 나에게 어떠한 영향을 미칠 수 없으며, 과거의 나와 현재의 나는 완전히 별개다. 가해자들도 이제 더는 내 곁에 없다. 대신 내 주변에는 나를 이해하고 아껴주는 소중한 사람들이 있다. 나에게 중요한 존재는 이 소중한 사람들이고, 가해자는 이제 나의 삶에 개미만도 못한 존재이다.'

이렇게 생각하면 가해자 때문에 감정을 소모하고 시간을 할애할 의미가 없어진다. 가치 없는 가해자의 존재를 생각하기보다 다양한 방식으로 스스로를 위로하고 보살피는 힘을 키우게 되고, 과거의 학교폭력을 바라보는 태도에도 변화가 생겨 가해자가 아닌 자신에게 집중하고 현실을 살게 된다.

73　이기숙, 「학교폭력 피해 극복과정에 관한 내러티브 탐구」, 단국대학교 대학원, 2015. 97쪽

물론 피해자들이 이러한 인식의 전환을 하루아침에 경험할 수 있는 것은 아니다. 인식의 전환은 오랜 시간을 들여 저마다 다양한 시도와 노력을 실천하고 주변인들의 도움을 받으며 이룰 수 있다. 따라서 지금 당장 경험하지 못한다고 해서 좌절하거나 자책할 필요는 없다. 운동을 배워야겠다고 생각한다 해서 곧바로 운동을 잘할 수는 없는 것과 같다. 매일 연습해야 운동에 대한 감이 익고 조금씩 몸에 근육이 붙듯이, 인식의 전환도 시간과 노력이 따른다.

중요한 것은 왜 트라우마가 피해자를 괴롭히는지 알게 되었고 그에게는 인식의 전환을 통해 얼마든지 극복할 힘이 있으니, 시간이 걸리더라도 언젠가는 반드시 치유될 것이라는 사실이다.

기억 재구성하기

다음으로 실천할 것은 '기억의 재구성'이다. 기억을 재구성하는 방법은, 예를 들어 머릿속에 떠오르는 학교폭력에 관한 기억과 감정을 구체적으로 작성해 보는 것이다. 학교폭력 알리기가 외부에 피해 사실을 알리는 것이라면 기억 재구성하기는 나 자신에게 알리는 작업이기도 하다.

피해자의 머릿속에서 혼란스럽게 떠오르는 기억들은 서로 연결되지 않은 상태로, 그 모습은 정리되지 않은 서랍과도 같다. 그런데 이렇게 글로 과거를 구체화해 정리하다 보면 당시 자신이 겪었던 것이 무엇이었는지를 객관적으로 바라보게 되고 흩어졌던 기억들이 통합되면서 퍼즐이 맞춰지기 시작한다. 점점 머릿속이 정리되는 느낌과 함께, 놓친 기억들을 확인해 가는 작업을 하게 되고 자신의 삶을 되돌아보며 그때의 경험이 자기 안에 어떤 의미로 남았는지에 대해 새롭게 발견하기도 한다.[74] 그러면서 학교폭력이 일어난 건 자신의 잘못이 아니었음을 깨닫고 자신을 괴롭힌 자책 감과 무력감을 해소하게 된다.

기억의 재구성은 과거의 기억을 뇌에서 재해석해 새롭게 저장하는 효과도 가져온다.[75] 과거의 기억과 맞물려 있던 무력감, 죄책 감, 가해자에 대한 두려움은 현재 자신이 느끼고 있는 자기 연민과 위로, 더 이상 가해자를 두려워하지 않는 대범함, 자신의 잘못이 아니라는 확신과 맞물리며 새로운 기억으로 저장되는 것이다. 따라서 기억을 재구성하게 되면 과거를 다시 떠올리더라도 부정적인 감정이 함께 떠오르지 않으니 예전처럼 괴롭지 않게 된다.

뇌 가소성을 이용한 사고 훈련

뇌세포와 뇌 부위가 유동적으로 변하는 특성을 일컬어 '뇌 가소성'이라고 한다. 과거에는 뇌가 성장을 다 하면 그 뒤로는 변하지 않는다고 보았다. 그러나 뇌신경과학자들의 연구로 뇌세포는 학습이나 여러 환경에 따라 계속해서 성장하거나 쇠퇴하고, 특히 기억을 담당하는 부위인 해마에서는 오래된 신경세포를 퇴화시키고

---

74 같은 논문, 88쪽

75 같은 논문, 114쪽
리사 제노바, 윤승희 역, 「기억의 뇌과학」, 웅진지식하우스, 2002.

새로운 신경세포가 만들어지는 등 활발한 뇌 가소성을 보인다는 것이 밝혀졌다.

세계 최고의 뇌 가소성 전문가인 신경과학자 마이클 머제니치 Michael Merzenich에 따르면 뇌는 근육과 같아서 훈련을 통해 바꿀 수 있으며, 대뇌피질 공간이 한정되어 있어 자신에게 유용하다고 여기는 것만 저장하고 사용하지 않은 신경망은 없애버린다고 한다. 따라서 뇌에서 가해자에 대한 존재감과 비중이 사라질수록, 가해자와 학교폭력으로 형성된 신경망 또한 퇴화하게 된다.[76]

사용하지 않는 신경망을 정리하고 현재의 삶에 집중하도록 신경망을 강화하기 위해서는 반복적이고 의도적이며 목적이 있는 연습이 필요하다. 피아노 연습을 하면 연주를 위한 신경망을 강화하고, 요가 연습을 한다면 유연성과 힘에 해당하는 신경망을 강화할 수 있다.

사람의 뇌에는 새로운 것에 대해 거부감을 느끼는 본능이 존재하기 때문에, 이미 익숙하게 자리 잡은 신경망을 정리하고 그 자리를 익숙하지 않은 신경망으로 채우는 일에 저항할 가능성이 크다. 낯선 것을 익숙하게 만들려면 매일 연습을 통해 강화에 매진해야 한다. 시간과 관심과 에너지를 쏟을수록 우리 뇌는 신경망을

---

76 제니퍼 프레이저, 정지호 역, 『괴롭힘은 어떻게 뇌를 망가뜨리는가』, 정지호 번역, 심심, 2023. 87쪽

Michael Merzenich, "Soft-Wired: How the New Science of Brain Plasticity Can Change Your Life", Parnassus Publishing, 2013.

만들어 그 노력에 응할 것이고, 사용하지 않게 된 신경망을 가지 치기하듯 쳐낼 것이다.[77]

괴롭힘 및 학대 치유 전문가인 제니퍼 프레이저Jennifer Fraser가 고안한 신경망 강화 연습을 적용해 다음과 같은 방식으로 사고를 단련해볼 것을 제안한다.

나는 중학교 때 가해자들로부터 학교폭력을 당했다. 가해자는 나에게 고통을 주고 상처 입혔다. 지금 내가 이렇게 된 것은 과거에 일어난 일 때문이다.

▼

나는 중학교 때 가해자들로부터 학교폭력을 당했지만, 그것에 매몰되지 않고 이겨냈다. 그들의 잘못된 행동은 어린 시절 나의 뇌에 영향을 주었다. 하지만 지금의 내게는 아무런 영향을 주지 않는다.[78]

피해가 있음을 인정하더라도 피해자 자신이 허락하지 않는 한 그 피해는 현재의 피해자에게 영향을 미칠 수 없으며 지속되지도 않는다는 사실을 꾸준히 떠올리자. 모든 사람의 뇌에는 뇌 가소성이 있고, 바로 그 점에서 트라우마 치유의 주도권은 바로 피해자 자신에게 있는 것이다.[79]

---

77 노먼 도이지, 장호연 역, 『스스로 치유하는 뇌』, 동아시아, 2018.

78 제니퍼 프레이저, 같은 책. 197쪽

79 제니퍼 프레이저, 같은 책. 197쪽

용서와 치유

　어떤 피해자들은 '용서'라는 단어를 듣는 순간 '가해자가 진심으로 사과하지 않았는데 어떻게 용서할 수 있냐', '왜 피해자에게 용서를 강요하냐', '왜 가해자를 용서해야 하느냐' 등의 반응을 보이곤 한다. 이는 용서를 가해자의 잘못을 봐주고 덮어주는 것, 가해자를 위한 것이라고 오해한 탓이다. 용서의 진정한 의미는, 내가 다른 사람으로부터 부당하게 상처를 받은 후에 생겨나는 부정적인 반응을 극복하고 더 나아가 긍정적인 반응을 보이는 것이다.[80]

　즉 용서는 자기 치유와 회복을 위한, 전적으로 나를 위한 방법이지 가해자를 위한 것이 아니다. 용서는 내가 상처를 입었다는 것을 확인하는 데서 시작된다. 상처를 변명하거나 합리화하는 것이 아니라 그 상처를 똑바로 직면하고 적극적으로 해결함으로써 이뤄질 수 있다.[81]

　피해자는 가해자를 용서하면서 상대방이 무엇을 잘못했고, 왜 상처를 줬는지를 분명하게 지적한다. 가해자의 사과나 보상이 용서에 도움이 되기는 하지만 필수조건은 아니며, 오히려 용서란 가해자의 사과와 무관하게 전적으로 피해자 자신이 선택하고 결정하는 행동이다.

　설령 가해자에게 사과를 받지 못했다고 해서 용서할 수 없다고

80　김병로, 김선기 외, 『용서와 화해 그리고 치유』, 새물결플러스, 2022. 74쪽

81　김병로 외, 같은 책, 77쪽

174

단정하거나, 사과를 받아내는 것에 너무 연연하지 않았으면 한다. 사과할 사람이면 애초에 그런 폭력을 저지르지도 않았을 것이다. 피해자의 인생에서 가해자의 존재가치가 턱없이 작아진 이상, 그의 사과 한마디로 달라질 것은 없다. 사과를 받아야만 피해자인 자신이 학교폭력을 극복하거나 용서할 수 있다는 생각은 가해자에게 너무 많은 부분을 의지하는 것이고 문제 해결의 주도권을 쥐여주는 것이다.

가해자를 용서하면 그와 화해해야 한다는 것도 오해이다. 용서는 상호작용이 아닌, 나의 내면에서 결정하는 선택의 문제이기 때문이다. 그것은 자기 자신에 대한 용서이자, 과거에 대한 용서이다. 과거의 자신을 원망하고 자책하지 않는 것, 당시 무기력할 수밖에 없었던, 여리고 나약했던 과거의 자신을 있는 그대로 받아들이는 것, 자신을 괴롭혔던 과거를 놓아주는 것으로 용서는 성립된다.

어느 정도의 변화를 겪어야 피해자가 학교폭력 트라우마로부터 완전히 벗어났다고 말할 수 있을지 그 시간이 얼마나 걸릴지는 선뜻 정하기가 어렵다. 몸에 생기는 상처도 오랫동안 흉터가 남듯, 과거의 학교폭력 역시 애초에 없었던 것처럼 흔적도 없이 완벽하게 지울 수는 없을 것이다. 다만 우리는 이를 인정하고, 수연이 부모님이 말한 것처럼 두 걸음 앞으로 나갔다가 한 걸음 뒷걸음치는 것을 반복하며 서서히 트라우마로부터 멀어져 갈 것이다. 우리는 학교폭력 트라우마를 해결할 역량을 충분히 가지고 있다. 과거

학교폭력을 겪었던 수많은 피해자가 현재의 삶을 살아가고 있는
것이 바로 그 증거이다.

부록

피해자들의 목소리로 만들어지다

오늘의 당신에게, 어제의 우리가

피해자들의 목소리로 만들어지다

학교폭력 예방 및 대책에 관한 법률

학교폭력 문제는 많은 학교폭력 피해자와 보호자들이 피해를 알리고 문제의 심각성에 대해 목소리를 냈기에 비로소 제도권 내로 들어오게 되었다. 그들의 목소리를 통해 학교폭력은 피해 학생 스스로 해결할 수 없으며 단순한 '애들 싸움'이 아니라는 점, 그것이 피해 학생의 인생을 좌우하고 극단적 선택으로 내몰 만큼 중대한 사회적 문제라는 점에 대한 공감대가 형성된 것이다.

이 챕터는 현재 학교폭력을 당하고 있는 피해자나 그의 보호자가 현행 학교폭력 대응 절차를 잘 활용해 피해를 최소화하길 바라는 마음으로 썼다. 다른 독자분들도 제도의 보호를 받지 못했던 과거의 피해자들을 기억하고, 전과 같은 상황이 반복되지 않도록 관심을 기울이고 응원해주길 바란다.

학교폭력 신고 방법

학교폭력예방법 제20조 (학교폭력의 신고 의무)

① 학교폭력 현장을 보거나 그 사실을 알게 된 자는 학교 등 관계 기관에 이를 즉시 신고하여야 한다.

⑤ 누구든지 학교폭력을 신고한 사람에게 그 신고 행위를 이유로 불이익을 주어서는 아니 된다.

학교폭력 대응 절차는 신고에서 시작된다. 학교폭력은 피해 당사자뿐만 아니라 누구든지 신고할 수 있으며, 신고는 선택 사항이 아닌 의무 사항으로 명시하고 있다. 학교폭력은 신고할지 말지 선택 가능한 것이 아니라 의무적으로 신고해야 할 사안임을 명백히 밝힌 것이다. 학교폭력 신고를 할 방법도 다양하게 마련해 두어 학교에서 축소, 은폐할 수 없도록 했다.

▶ **말로 신고하기** : 학교 선생님과의 대면 상담

▶ **학교폭력 신고함** : 각 학교에 설치된 신고함 이용

▶ **설문 조사** : 학교 자체 설문조사를 통해 신고

▶ **117 학교폭력 신고 센터**

 • **전화 신고** : 국번 없이 117

 • **문자 신고** : #0117

 • **인터넷을 통한 신고** : '안전 드림' 또는 '117'로 검색하여 신고

 • **애플리케이션을 통한 신고** : '안전 드림' 설치 후 상담 · 신고

- **방문 신고** : 117 신고 센터, 가까운 경찰서, 파출소 이용

▶ **푸른나무재단 학교폭력상담전화** : 1588-9128

▶ **청소년 전화 1388** : 학교폭력 등에 대한 상담 및 신고

가해자과 피해 학생의 즉시 분리

학교폭력예방법 제16조 (피해학생의 보호)

① 학교의 장은 학교폭력사건을 인지한 경우 피해학생의 반대 의사 등 대통령령으로 정하는 특별한 사정이 없으면 지체 없이 가해자(교사를 포함한다)와 피해 학생을 분리하여야 한다.

학교장은 학교폭력이 신고되어 보고 받은 날부터 가해자를 피해 학생으로부터 물리적으로 분리해야 한다. 이는 징계 조치가 아닌 임시 조치이며, 피해학생의 심리적 불안감을 해소하고 2차 피해를 방지하며 갈등 상황을 완화하기 위함이다. 최대 3일 범위에서 가해[82]자 분리를 위해 학교 내에 별도로 공간을 마련하거나 가정 또는 학교 외의 장소를 이용해 분리를 시행한다. 학급이 다르더라도 수업은 각자 수업을 받도록 하되 수업 시간을 제외한 쉬는 시간, 점심시간, 교실 이동 시간 등에는 동선 분리 등을 통해 최대한 가해자와 피해학생이 분리되도록 해야 한다.

---

82 2023년 4월 교육부가 발표한 '학교폭력 근절 종합대책'에 의하면 피해 학생을 최우선으로 보호하기 위해 가해자와 피해 학생의 즉시 분리 기간이 기존 3일에서 최대 7일까지 연장된다고 한다.

학교의 사안 조사

학교폭력예방법 제14조(전문상담교사 배치 및 전담기구 구성)

① 학교의 장은 학교에 대통령령으로 정하는 바에 따라 상담실을 설치하고, 전문상담교사를 둔다.

② 전문상담교사는 학교의 장 및 심의위원회의 요구가 있는 때에는 학교폭력에 관련된 피해학생 및 가해학생과의 상담결과를 보고하여야 한다.

③ 학교의 장은 교감, 전문상담교사, 보건교사 및 책임교사(학교폭력문제를 담당하는 교사를 말한다), 학부모 등으로 학교폭력문제를 담당하는 전담기구를 구성한다. 이 경우 학부모는 전담기구 구성원의 3분의 1 이상이어야 한다.

④ 학교의 장은 학교폭력 사태를 인지한 경우 지체 없이 전담기구 또는 소속 교원으로 하여금 가해 및 피해 사실 여부를 확인하도록 하고, 전담기구로 하여금 제13조의2에 따른 학교의 장의 자체해결 부의 여부를 심의하도록 한다.

⑤ 전담기구는 학교폭력에 대한 실태조사와 학교폭력 예방 프로그램을 구성·실시하며, 학교의 장 및 심의위원회의 요구가 있는 때에는 학교폭력에 관련된 조사결과 등 활동결과를 보고하여야 한다.

⑥ 피해학생 또는 피해학생의 보호자는 피해사실 확인을 위하여 전담기구에 실태조사를 요구할 수 있다.

학교는 학교폭력 담당 교사 또는 전담 기구를 통해 사안을 조사하고 가해자와 피해학생, 사건을 목격한 학생, 학부모 등과의 면담을 실시해 사실관계를 확인한다. 이때 진단서, 사진, 문자 캡처 화면, 동영상 자료, 음성 자료 등 사건과 관련해 양측에서 제출하는 자료가 있으면 증거로 수집한다. 이를 통해 피해 학생이 얼마나 피해를 입었는지, 가해 학생의 행위는 어느 정도였는지 등을 파악하고 학교장과 학교폭력대책심의위원회에 보고한다.

피해학생 긴급 보호조치와 가해학생 긴급 선도 조치

학교는 심의위원회에서 조치를 결정하기 전이라도 피해학생 측이 요청하는 경우 긴급 보호조치를 내릴 수 있다.

예를 들어 피해학생의 안정을 위해 상담을 요청할 경우 교내 상담 전문가, 교육지원청 상담 전문가로부터 상담을 지원한다. 만약 피해학생이 학교폭력의 충격으로 등교하지 못하는 경우 일시보호 조치를 요청하면 결석을 하더라도 출석으로 인정되어 출결에 있어 불이익을 입지 않는다.

가해학생에 대해서도 피해학생을 대상으로 한 접촉, 협박 및 보복을 하지 못하도록 긴급 선도조치를 통해 심의위원회의 조치 결정 전에도 피해학생을 보호할 수 있는 장치를 마련해두었다.

학교폭력예방법 제16조(피해학생의 보호)

① 학교의 장은 피해학생이 긴급보호를 요청하는 경우에는 제1호, 제2호 및 제6호의 조치를 할 수 있다. 이 경우 학교의 장은 심의위원회에 즉시 보고하여야 한다.

1. 학내외 전문가에 의한 심리상담 및 조언
2. 일시보호
6. 그 밖에 피해학생의 보호를 위하여 필요한 조치

학교폭력예방법 제17조(가해학생에 대한 조치)

④ 학교의 장은 가해학생에 대한 선도가 긴급하다고 인정할 경우 우선 제1항 제1호부터 제3호까지, 제5호 및 제6호의 조치를 할 수 있으며, 제5호와 제6호의 조치는 동시에 부과할 수 있다. 이 경우 심의위원회에 즉시 보고하여 추인을 받아야 한다.

1. 피해학생에 대한 서면사과
2. 피해학생 및 신고·고발 학생에 대한 접촉, 협박 및 보복행위의 금지
3. 학교에서의 봉사
5. 학내외 전문가에 의한 특별 교육이수 또는 심리치료
6. 출석정지

⑦ 학교의 장이 제4항에 따른 조치를 한 때에는 가해학생과 그 보호자에게 이를 통지하여야 하며, 가해학생이 이를 거부하거나 회피하는 때에는 학교의 장은 「초·중등교육법」 제18조에 따라 징계하여야 한다.

학교장의 자체 해결

학교폭력예방법 제13조의2(학교의 장의 자체해결)

① 피해학생 및 그 보호자가 심의위원회의 개최를 원하지 아니하는 다음 각 호에 모두 해당하는 경미한 학교폭력의 경우 학교의 장은 학교폭력사건을 자체적으로 해결할 수 있다. 이 경우 학교의 장은 지체 없이 이를 심의위원회에 보고하여야 한다.

1. 2주 이상의 신체적·정신적 치료가 필요한 진단서를 발급받지 않은 경우
2. 재산상 피해가 없거나 즉각 복구된 경우
3. 학교폭력이 지속적이지 않은 경우
4. 학교폭력에 대한 신고, 진술, 자료제공 등에 대한 보복행위가 아닌 경우

학교에서 사안 조사를 진행하는 과정 중에 가해학생 측이 사과하고 재발 방지 등을 약속해 화해가 이루어지는 등, 피해학생 측에서 심의위원회까지 가는 것을 원치 않을 경우 학교에서 자체적으로 학교폭력 사건을 해결할 수 있다. 단, 모든 학교폭력 사건을 자체적으로 해결할 수 있는 것은 아니고 법에서 정한 4가지 조건을 갖추어 비교적 경미한 사건이라고 인정되었을 때에 한해 가능하다.

학교장의 자체 해결은 원만한 사건 해결을 끌어냄과 동시에 피해학생 측의 의사를 가장 중요시하고, 학교에서 임의로 심의위원회에 상정하지 않고 종결하게 할 수 없게 했다는 점에서 의미가 있다.

학교폭력대책심의위원회

학교폭력예방법 제12조(학교폭력대책심의위원회의 설치 · 기능)

① 학교폭력의 예방 및 대책에 관련된 사항을 심의하기 위하여 교육지원청에
   학교폭력대책심의위원회를 둔다.

② 심의위원회는 학교폭력의 예방 및 대책 등을 위하여 다음 각 호의 사항을
   심의한다.

1. 학교폭력의 예방 및 대책
2. 피해학생의 보호
3. 가해학생에 대한 교육, 선도 및 징계
4. 피해학생과 가해학생 간의 분쟁조정
5. 그 밖에 대통령령으로 정하는 사항

　학교폭력대책심의위원회는 학교를 관할하는 교육지원청에서 개최된다. 심의위원회는 공정성 · 전문성 · 객관성을 보장하기 위해 학교폭력 업무 담당 경력이 2년 이상인 교원, 교육 전문 직원, 변호사, 청소년보호 활동에 대한 지식과 경험이 풍부한 사람, 학부모 등으로 구성되어 있다. 심의위원회는 출석한 양측 학생과 보호자의 의견 진술을 듣고, 심의를 위해 필요한 경우 관련 교원, 전문가 등 참고인의 의견 진술을 요청해 최종적으로 피해학생에 대한 보호조치, 가해학생에 대한 징계 조치를 의결한다.

피해학생 보호조치

학교폭력예방법 제16조(피해학생의 보호)

① 심의위원회는 피해학생의 보호를 위하여 필요하다고 인정하는 때에는 피해학생에 대하여 다음 각 호의 어느 하나에 해당하는 조치(수 개의 조치를 동시에 부과하는 경우를 포함한다)를 할 것을 교육장에게 요청할 수 있다.

1. 학내외 전문가에 의한 심리상담 및 조언
2. 일시 보호
3. 치료 및 치료를 위한 요양
4. 학급교체
5. 삭제 〈2012. 3. 21.〉
6. 그 밖에 피해학생의 보호를 위하여 필요한 조치

심의위원회는 피해학생에게 필요하다고 판단하는 경우, 또는 피해학생과 보호자가 요청하는 경우 보호조치를 결정한다. 보호조치는 1호·2호·3호·4호·6호의 총 5가지가 마련되어 있다.

1호 학내외 전문가에 의한 심리상담 및 조언은 학교폭력으로 인해 정신적·심리적 안정이 필요한 피해학생에게 학교 내 위 클래스 심리상담 교사, 교육지원청 위 센터, 청소년 상담복지센터, 정신건강 복지센터 등 전문 상담 기관에서 상담을 지원하는 것이다.

2호 일시 보호는 피해학생이 가해학생으로부터 분리되어 집, 상담실 등에서 안정을 찾고 싶어 하는 경우나 학교폭력에 대한 충격으로 등교를 힘들어하는 경우 알맞은 보호를 받을 수 있게 하는 조치이다.

3호 치료 및 치료를 위한 요양은 신체적·정신적 피해를 받아 의료기관 등에서 치료가 필요한 피해학생에게 내리는 조치이며, 이때 발생하는 비용은 가해학생의 보호자가 부담하도록 하고 있다.

4호 학급 교체는 피해학생이 다른 반으로 옮기고 싶어 할 경우 요청할 수 있도록 마련한 조치이다.

마지막으로 6호 그 밖에 피해 학생의 보호를 위해 필요한 조치는 위 조치 외에 피해학생에게 필요한 사항을 반영해 내리는 조치로서, 의료기관과 연계하거나 학교폭력 관련 기관에 협조·지원 요청 등을 할 수 있다.

가해학생 징계 조치

심의위원회는 가해학생이 얼마나 지속적이고 의도적으로 가해 행위를 했는지, 가해 행위가 얼마나 심각한지 그리고 가해학생의 반성 정도와 피해학생과의 화해 정도를 종합적으로 판단해 가해학생에 대한 징계를 결정한다. 가해학생이 징계를 받고도 이행을 거부하는 경우 추가로 징계를 내릴 수 있고, 피해학생이나 사건을 신고한 학생에게 보복행위를 한 경우 징계를 가중할 수 있다.

1호부터 3호 조치는 비교적 경미한 처분이라고 할 수 있으며 1회에 한해 생활기록부 기재를 유보한다. 단, 가해학생이 조치를 이행하지 않은 경우나 이후 다른 학교폭력 사건으로 징계를 받게 된 경우에는 생활기록부에 기재된다.

학교폭력예방법 제17조(가해학생에 대한 조치)

① 심의위원회는 피해학생의 보호와 가해학생의 선도·교육을 위하여 가해학
생에 대하여 다음 각 호의 어느 하나에 해당하는 조치(수 개의 조치를 동
시에 부과하는 경우를 포함한다)를 할 것을 교육장에게 요청하여야 하며,
각 조치별 적용 기준은 대통령령으로 정한다. 다만, 퇴학처분은 의무교육
과정에 있는 가해학생에 대하여는 적용하지 아니한다.

1. 피해학생에 대한 서면사과
2. 피해학생 및 신고·고발 학생에 대한 접촉, 협박 및 보복행위의 금지
3. 학교에서의 봉사
4. 사회봉사
5. 학내외 전문가에 의한 특별 교육이수 또는 심리치료
6. 출석정지
7. 학급교체
8. 전학
9. 퇴학처분

반면 4호부터 8호 조치는 학교에서 조치 결정 통보 공문을 접수
한 즉시 생활기록부에 기재되며 졸업 후 2년까지 기록을 남기되,[83]
4호에서 7호 조치까지는 예외적으로 가해학생의 반성 정도와 행동
의 긍정적 변화 정도 등을 고려해 졸업하기 직전 전담 기구에서 심

---

[83] 2023년 4월 교육부가 발표한 학교폭력 근절 종합대책에 의하면 생활기록부 기재 기간이 기존
2년에서 4년으로 연장된다.

의를 거쳐 졸업과 동시에 삭제할 수 있다.

관계 회복 및 분쟁조정

> 학교폭력예방법 시행령 제14조의3(학교의 장의 자체해결)
>
> 학교의 장은 … 필요한 경우 피해학생, 가해학생 및 그 보호자 간의 관계 회복을 위한 프로그램을 운영할 수 있다.

여기서 말하는 '관계 회복'이란 가해학생과 피해학생, 보호자가 학교폭력 상황에 대해 이해·소통·대화 등을 통해 원래 상태 또는 일상생활로 돌아갈 수 있도록 함께 노력하는 것을 의미한다.

관계 회복 프로그램은 사안 처리를 갈음하거나 심의위원회의 조치 변경 또는 경감하는 등의 조건을 부여하지 않으며, 양측 학생이 동의한 경우에만 진행할 수 있다. 학교에서 교장, 교감, 담임 선생님, 학교폭력 책임교사, 상담교사 등 운영 주체와 역할을 정해 진행할 수도 있고, 각 지역 교육청별로 학교폭력 발생 시 관계 회복 조정 전문가를 투입해 진행하기도 한다. 또는 양측의 동의를 받은 후 학교 측이 신청하여 푸른나무재단의 관계 회복 조정 전문가에게 도움을 받을 수도 있다.

관계 회복 프로그램은 양측 당사자 학생과 보호자를 대상으로 진행되며, 먼저 양측을 개별적으로 면담해 각각의 욕구와 사건에 대한 해결 방식, 심리적 상태 등을 파악한다. 이후 양측이 동의하고 준비가 되었을 때 서로 대면하며 소통하는 과정을 거쳐 관계 회복을 하도록 조력한다.

▌경찰 고소

학교폭력예방법상의 절차 외에도 피해자는 가해자를 대상으로 경찰에 고소해 형사 절차를 별개로 진행할 수 있다.

가해자가 미성년자일 경우, 만 14세 미만이라면 촉법소년이라 하여 경찰에서 조사를 받은 후 소년법원을 거치게 된다. 반면 만 14세 이상 만 19세 미만의 가해자는 경찰 조사 후 혐의가 인정되면 검찰로 송치된다. 검사는 행위의 중대성·심각성·반성 정도·피해 정도 등을 종합해 사건을 소년법원으로 보낼지, 일반 성인과 마찬가지로 형사재판으로 보내 전과가 남게 할지 결정한다. 그러나 대부분의 학교폭력 사건은 소년법원으로 송치되고, 가해자는 전과가 남지 않는 보호처분인 수강명령·사회봉사·보호관찰·소년보호시설 위탁·소년원 수감 등을 받는다.

한편, 학교폭력 피해자는 경찰 고소 시 학교와 교육지원청에서 내리는 보호조치와 별개로 추가적인 보호 지원을 받을 수 있다. 경찰은 원스톱 지원센터에서 상담·법률 지원 등을 제공하고 만약 신변 보호를 요청할 시 스마트 워치 제공 및 순찰 강화 등으로 피해자를 지원한다.

형사고소 및 처벌 규정은 과거 학교폭력 피해자에 대한 법적 구제 방법을 설명한 2부 1장을 참고하기 바란다.

오늘의 당신에게, 어제의 우리가

　2부에서 소개한 과거 학교폭력 피해자 가족들에게 마지막으로 전하고픈 말이 무엇인지 듣고 그 내용을 옮겼다. 그들은 현재 학교폭력을 경험하고 있는 피해자와 그 가족을 누구보다 응원하고 위로의 말을 건네고 싶다고 했다. 그들의 위로와 진심어린 조언이 도움이 되길 바란다.

수연이 어머니

　아이가 학교폭력으로 고통스러워하는 모습을 보는 건 차라리 내가 그 고통을 대신 느끼고 싶다는 생각이 들 정도로 부모에게는 괴로운 일입니다. 그리고 어떻게 해서든 아이가 학교폭력의 아픔에서 벗어날 수 있도록 하고픈 마음에 회피 방법, 자신의 경험담 등을 쉽게 말해 버릴 수도 있습니다.

　학교에 가고 싶어 하지 않는 아이를 어떻게든 학교에 보내려고 애써야 하는 아침은 지옥입니다. 등교를 거부하는 아이에게 "엄마가 어렸을 때라면 이런 건 별일 아니었어"라고 말을 하거나, "누구누구는 더한 일을 겪어도 학교에 갔는데, 너는 왜 할 수 없어? 왜 학교에 못 가겠다는 거야?"라며 화를 낼 수도 있을 것입니다. 그러나 이런 식으로 아이의 아픔을 외면하고 임시방편으로 학교에 보내기 위해 내뱉는 가벼운 말들은 학교폭력으로 괴로워하는 아이에게 아무런 도움이 되지 못합니다.

가장 중요하고 우선순위로 두어야 할 것은 아이의 힘든 마음에 대한 공감이라 생각합니다. 저는 제 아이를 다른 아이와 비교하는 것을 그만두고, 우선 아이의 상황에 맞추어 공감해 보았습니다. 결코 쉬운 일은 아니었지만, 아이의 고통에 공감할 때면 "아파"라고 표현해 주었습니다.

언제쯤 아이가 학교폭력 트라우마에서 벗어날 수 있을지, 그 고통을 옆에서 지켜보는 것은 앞이 보이지 않는 어두운 터널을 끝없이 걸어가야 하는 느낌일지도 모릅니다. '언제가 되면 아이는 학교에 갈 수 있을까?', '이대로 영영 학교에 갈 수 없게 된다면 홈스쿨링을 해야 하나, 전학을 가야 하나'같은 많은 걱정과 함께 어둡고 긴 터널에서 빠져나갈 길을 찾는 매일이었습니다.

부모라고 해서 내 아이를 전부 이해하고 있는 것은 아닙니다. 아이의 성향도 있고, 자기에게 맞는 방법이 따로 있을지도 모릅니다. 하지만 중요한 건 아이는 부모님이 생각하는 것보다 힘이 있다는 것입니다. 터널의 출구를 찾을 수 없을 때는 한번 아이의 기분과 고통에 공감해보아 주세요. 그리고 부모는 전적으로 아이의 편이라는 것을 알려 주세요. 등교 문제, 학교폭력 신고 등 해결 방법은 그다음에 해도 좋습니다.

수연이 아버지

학교폭력의 피해를 겪은 아이는 시간이 흘러 상처가 아물더라도 그 흉터가 남을 것입니다. 저 또한 아이에게서 가해자를 애써 외면하려는 마음이 느껴지지만, 동시에 학교폭력을 겪을 당시 가해자에게 느꼈던 두려움이 시간이 지나 분노로 변한 것 역시 짐작할 수 있습니다.

학교폭력 신고 당시 저는 아이의 아빠로서 이성을 잃을 정도로 화가 났습니다. 그러나 그런 모습이 아이에게는 아무런 도움이 되지 않았습니다. 학교폭력이라는 일은 아이와 부모에게도 준비 없이 찾아오기에 당황할 수밖에 없는 일입니다.

안타깝지만 저희와 같은 경험을 하는 학교폭력 피해자 부모님이 많이 있다고 알고 있습니다. 정말로 고통스럽고 힘들겠지만, 부모님들께서 참고하셨으면 하는 내용을 아래와 같이 정리해 보았습니다.

1. 아이의 마음을 이해하고 그 고통에 충분히 공감해 주세요.
2. 상황에 대한 분노를 절대 아이에게 보이지 말아 주세요.
3. 아이에게 말해야 할 중요한 일이나 사실에 대해서는 충분히 생각하고, 전달할 단어 하나하나 신중히 생각한 후 이야기하세요. 아이에게는 강요로 느껴질 수도 있고, 아이가 원

하는 방법이나 표현이 아닐 수 있습니다.

4. 학교폭력 신고를 결심했다면 꼭 법률 전문가의 도움을 받으세요. 부모의 법적 무지함으로 인해 아이에게 또 다른 상처를 줄 수 있습니다.

5. 절대 '시간이 지나면 괜찮겠지' 하면서 소극적으로 대처하지 마세요. 언젠가 그 시간을 놓친 것을 후회하게 됩니다.

6. 배우자가 있다면 배우자에게 책임을 돌리고 화내거나 다투지 마세요. 배우자도 부모이기에 내가 느끼는 고통만큼 힘듭니다. 함께 이겨내야 합니다.

7. 긴 싸움입니다. 가해자도 다른 부모의 자녀이기에 모든 걸 부정하고 인정하지 않으려 들 것입니다. 마음의 상처는 그때그때 푸시고 본인 심신의 건강을 챙기세요. 내가 쓰러지면 아이를 지킬 수 있는 사람이 없습니다. 그러니 가족을 위해 틈틈이 운동하고 정신과 상담을 하며 약의 도움으로라도 본인의 건강을 지키세요.

정현이 부모님

우리 아이가 그 힘든 시간을 혼자 삭히고 견뎌왔을 걸 생각하면 아직도 마음이 아픕니다. 조금이라도 평소와 다른 모습을 보였을 때 우리가 주의를 기울여 주었더라면 이렇게 오랜 시간 폭력을 겪지 않아도 되지 않았겠느냐는 후회도 듭니다.

항상 아이들의 사소한 변화에도 관심을 두고 일상적인 대화를 자주 해주시기를 바랍니다. 그리고 만약 학교폭력 상황이 발생했다면 아이가 '우리 부모는 너의 편이며 모든 것을 동원해 너를 보호해 줄 것이다'라고 느끼게 해주시고 안정감을 갖도록 적극적으로 행동해 주시기를 바랍니다. 이미 발생한 일은 지울 수 없겠지만 최대한 과거의 상처를 아물게 해주는 것이 부모의 의무일 테니까요.

서준이 어머니

학교폭력대책심의위원회가 개최되었을 때 담당 장학사가 한 말이 저희에게 큰 충격을 주었던 적이 있습니다. "서준이가 평소에 함께 노는 친구가 없는 것 같고 적극적이지 않은 성격인 것 같다." 마치 학교폭력의 책임을 피해학생에게 전가하는 듯한 발언이었습니다. 학교폭력 담당 장학사조차 학교폭력이 발생했을 때 가해학생뿐 아니라 피해학생도 원인을 제공했을 것이라는 식으로 책임을 양분하려는 사고방식을 보여줬는데, 일선 학교에서는 오죽할까 싶습니다.

피해학생을 괴롭히는 행위는 가해학생의 잘못이지, 피해학생이 괴롭힘을 당할 만해서 괴롭혔다는 가해학생의 변명은 어떤 이유로도 정당화될 수 없습니다. '원인을 제공한 너의 책임도 있다'라는 식의 표현으로 피해학생에게 두 번 상처 주는 일은 없었으면 합니다.

부모님들께서는 피해학생의 상황을 무조건 이해해 주고 그

아픔에 공감해 주셨으면 좋겠습니다. '어떤 일이 있어도 너를 끝까지 보호해줄 것'이라는 표현으로 아이를 안심시켜주시면 트라우마 회복에 많은 도움이 되리라 생각합니다.

그리고 분노의 감정에 휩쓸려서 이성을 잃고 아이 앞에서 흔들리는 모습을 보이지는 않기를 바랍니다. 부모가 힘들어하는 모습을 보고 아이는 자신이 부모님까지 힘들게 했다는 죄책감을 느끼게 되는 경우가 있습니다. 제가 가해자 부모의 적반하장식 태도에 울분을 느끼며 화를 삭이지 못하고 괴로워할 때, 이런 엄마의 모습을 본 서준이가 "엄마가 이 일로 힘들면 사과 받지 않아도 된다"라고 이야기했고 정신이 번뜩 들었습니다. 이후로 감정을 내려놓고 이성적으로 사건을 진행하려고 노력했습니다.

아이의 트라우마를 치유하기 위해서는 무엇보다 부모님 마음이 안정된 후 냉철한 판단이 따라야 한다고 생각합니다. 학교폭력은 아이만의 사건이 아닌 가족 전체의 사건입니다. 아이가 외롭지 않게 가족이 힘을 모아 슬기롭게 문제를 해결해 가면 좋겠습니다.

연주 어머니

피해당사자에게는 이렇게 말해주고 싶어요. 너의 잘못으로 문제가 생긴 것이 아니야. 네가 사실을 알리는 것이 학교나 친구들에게 부담을 주는 것이 아니야. 네가 사실을 말하면 부모님께 힘들어하실 거라고 걱정하지 않아도 돼. 부모님은 너에게 이런 일이 생긴 것이 힘든 게 아니라, 네가 힘들다는 것을 너무 늦게 알았다는 것과 너의 마음을 빨리 눈치채지 못했다는 사실이 더 힘드실 거야. 그러니 혼자 고민하지 말고 부모님과 함께 문제를 해결하기를 바라.

부모님들께는 자녀의 학교폭력 피해 사실을 알았을 때 신고를 하겠다고 결정하셨다면 바로 학교 측에 알리기보다 최대한 증거를 확보한 후 신고를 하라고 조언하고 싶습니다. 제가 겪어보니 현재 학교라는 곳은 절대 피해학생 편이 아닙니다. 가능한 많은 증거를 가지고 학교에 알려 상황의 심각성을 알게 하시고, 가해자도 변명으로 빠져나갈 수 없도록 대비하세요.

지금은 세상이 너무 지옥 같고 힘드시겠지만, 용기를 가지시고 포기하지 마시고 계속 아이를 응원해 달라고 부탁드리고 싶습니다. 그리고 학교폭력 피해를 입은 혹은 경험을 가졌던 분들을 만나 이야기를 듣고 또 본인의 이야기도 하시는 것을 권유드립니다. 비슷한 상황을 경험해 본 사람들과 공감하고 위로하는 것만으로도 치유에 도움이 될뿐더러 지혜와 노하우도 얻을 수 있을 겁니다.

영은 씨

음. 일단 과거에 저와 같은 경험이 있는 분들께는, 아주 조심스럽지만, 정말 많이 들어보셨을 수 있고 뻔한 말을 전하고 싶어요. 당신이 겪고 있는 그 고통과 부당하게 당했던 피해는 전부 당신의 잘못이 아니라고, 말씀드리고 싶습니다. 언젠가는 이 말이 꼭 마음에 와닿을 순간이 오기를 바랍니다.

그리고 현재 학교폭력을 겪고 있는 피해자분들에게도 같은 말을 전합니다. 아주 힘들고, 할 수 있는 것이 없다는 생각에 절망스럽고, 지금의 힘듦이 영영 끝나지 않을 것 같은 아주 외롭고 괴로운 고통을 겪고 있을 거예요. 자신이 겪고 있는 상황을 가장 가깝고 믿을 수 있는 어른과 학교폭력 지원 기관 등에 최대한 많이 알리기를 바랄게요.

이 고통이 끝이 없을 것처럼 느껴지는 시간이겠지만 피해자분께서는 적절한 보호조치를 해서 빠른 회복으로 이어지기를, 가족들께서는 피해자 모임이나 법률지원, 병원 상담 등을 통해 잘 해결되었으면 하는 바람입니다.

가해자들에게는 자신이 저지른 폭력이 타인에게 어떤 악영향을 줄 수 있는지 정확히 짚어 주었으면 좋겠습니다. 단순히 가해자에 대한 처벌로만 접근할 것이 아니라 다양한 관점에서 가해자가 잘못을 깨닫게 하는 것이 재발을 막는 가장 중요한 요소라 생각합니다. 실제로 저를 괴롭혔던 가해자는 징계를 받은 이후에도 또 다른 학생에게 학교폭력 가해를 했습니다.

마지막으로, 저는 학교폭력 피해자이기도 하지만 앞으로 학교폭력 피해자에게 도움을 줄 수 있는 사람이 되려 합니다. 일어난 일이 없어지지는 않을 거예요. 너무 괴롭고 부당하게 느꺼지기만 할 수도 있고요. 하지만 이유 없이 찾아온 불행에도 세상을 등지지 않고, 느리더라도 한 걸음씩 세상 밖으로 나와서 언젠가 같은 세상에서 서로를 스칠 수 있길 바랍니다. 꼭 힘내지 않아도 되니까요.

혜정 씨

제가 트라우마를 극복할 수 있었던 것은 고소나 처벌 그 자체가 아니라 과정에 의해서였습니다. 내 목소리를 내보고, 과거의 기억들을 기록하면서 객관화하고, 그러면서 내가 잘못한 게 아니라는 것을 깨달으면 과거와 작별할 수 있었습니다.

과거의 가해자는 당신의 삶에 영향을 끼칠 수 있는 존재가 아니라고 말해주고 싶어요. 그리고 여러 방법이 있겠지만, 각자에게 맞는 방법을 찾아 과거를 정리하는 작업을 꼭 해보라고 조언하고 싶어요.

참고문헌

국내외 도서

김천기, 『학교폭력, 그 새로운 이야기』, 학지사, 2021.

김병로, 김선기 외, 『용서와 화해 그리고 치유』, 새물결플러스, 2022.

이동갑, 유경희, 『학교폭력을 넘어 : 외상 후 성장으로』, 형설출판사, 2021.

나이토 아사오, 고지연 역, 『이지메의 구조 : 왜 인간은 괴물이 되는가』, 한얼미디어, 2013.

후지모리 다케시, 홍상현 역, 『이지메, 해결의 정치학』, 나름북스, 2015.

노먼 도이지, 장호연 역, 『스스로 치유하는 뇌』, 동아시아, 2018.

루이스 L. 헤이, 박정길 역, 『치유 — 있는 그대로의 나를 사랑하라』, 나들목, 2012.

마리나 칸타쿠지노, 김희정 역, 『나는 너를 용서하기로 했다』, 부키, 2018.

제니퍼 프레이저, 정지호 역, 『괴롭힘은 어떻게 뇌를 망가뜨리는가』, 심심, 2023.

피터 K. 스미스, 정지숙 역, 『학교폭력』, 돌배나무, 2021.

하워드 제어, 손진 역, 『회복적 정의란 무엇인가』, KAP, 2012.

리사 제노바, 윤승희 역, 『기억의 뇌과학』, 웅진지식하우스, 2002.

Bessel van der Kolk M.D., "The Body Keeps the Score: Brain, Mind, and Body in the Healing of Trauma", Penguin Publishing Group, 2015.

Helen Riess, "The Empathy Effect: Seven Neuroscience—Based Keys for Transforming the Way We Live, Love, Work, and Connect Across

Differences", Sounds True, 2018.

Michael M. Merzenich, "Soft—Wired: How the New Science of Brain Plasticity Can Change Your Life', Parnassus Publishing, 2013.

학술자료

강선모, 임혜경, 「과거 학교폭력 피해 경험이 초기 성인기의 삶의 만족에 미치는 영향: 침습적 반추와 탈중심화의 매개효과」, 학습자중심교과교육연구 vol21(17), 2021.

고경은, 「청소년의 학교폭력 극복경험에 관한 연구」, 학교사회복지 vol29, 2014.

김봉철, 주지혁, 최명일, 「학교폭력에 대한 학부모들의 낙관적 편견과 예방 캠페인에 대한 탐색적 고찰: 자아 존중감과 학교폭력 경험을 중심으로」, 언론과학연구 vol9(4), 2009.

김선아, 「중학생의 스트레스와 애착이 폭력가해와 피해경험에 미치는 영향」, 한국청소년연구 vol16(2), 2005.

김재엽, 이근영, 「학교폭력 피해 청소년의 자살 생각에 대한 연구」, 청소년학연구 vol17(5), 2010.

김정란, 김혜신, 「가정폭력 및 학교폭력이 청소년의 자살충동에 미치는 영향」, 보건사회연구 vol34(2), 2014.

박경숙, 손희권, 송혜경, 「학생의 왕따현상(집단 따돌림 및 괴롭힘)에 관한 연구」, 한국교육개발원, 1998.

박애리, 김유나, 「아동기 학교폭력 피해 경험이 초기 성인기 심리 정서적 어려움 및 자살에 미치는 영향:대학생을 중심으로」, 청소년학연구 vol30(1), 2023.

박호근, 「학교폭력예방법 변천 과정 분석」, 교육법학연구 vol32(2), 2020.

방기연, 「풍랑을 헤치고 앞으로 나아가기: 학교폭력 피해 극복 학생 어머니의 경험」, 한국심리학회지 vol11(2), 2014.

배상철, 「학교폭력 피해 청소년의 트라우마 회복 경험에 관한 현상학적 연구: 해맑음센터 청소년을 중심으로」, 한국방송통신대학교 대학원, 2019.

오승환, 「청소년의 집단괴롭힘 관련 경험에 영향을 미치는 생태체계적 요인 분석」, 정신건강과 사회복지(25), 2007.

이기숙, 「학교폭력 피해 극복과정에 관한 내러티브 탐구」, 단국대학교 대학원, 2015.

이영기, 선혜연, 「초등학교 학교폭력 피해아 방어자의 경험에 대한 질적 연구」, 교육연구논총 vol3(1), 2016.

이지현, 「초기 청소년의 사이버불링 피해 경험이 우울 및 불안에 미치는 영향: 발달자산의 조절효과」, 청주대학교 대학원, 2017.

이창식, 박지영, 장하영, 「청소년의 학교폭력 피해경험이 자아존중감에 미치는 영향: 인권피해 인식의 매개효과」, 디지털융복합연구 vol14(11), 2016.

이한주, 「학교폭력 피해경험이 우울에 미치는 종단적 연구: 자아존중감과 자아 탄력성의 매개 효과」, 한국학교보건학회지 vol30(3), 2017.

이혜정, 송병국, 「학교폭력에서 여자 청소년의 방관 경험에 대한 현상학적 연구」, 청소년복지연구 vol21(2), 2019.

임재연, 박종효, 「학교폭력 예방 및 대처를 위한 교사역량 진단척도 개발 연구」, 교육학연구, vol53(3), 2015.

임재연, 「학생이 경험한 학교폭력 예방 및 대처 관련 교사역량에 관한 연구」, 한국심리학회지:학교 vol14(2), 2017.

채창균, 류지영, 신동준, 「청소년의 학교폭력에 영향을 미치는 요인 분석: 개인특성,

가정배경을 중심으로」, 한국직업능력연구원 vol16(1), 2013.

최미경, 「아동의 또래 괴롭힘 및 자아존중감과 외로움 간의 관계」, 아동학회지 vol27(4), 2004.

허승희, 이희영, 「학교폭력의 학교 생태학적 요인과 대처 방안 — 미시체계와 중간체계를 중심으로」, 수산해양교육연구 vol31(6), 2019.

Antti Kärnä, Marinus Voeten, Elisa Poskiparta, Christina Salmivalli, 'Vulnerable children in varying classroom contexts: bystanders' behaviors moderate the effects of risk factors on victimization', Wayne State University Press, 2010.

Brenda Morrison, 'School Bullying and Restorative Justice: Toward a Theoretical Understanding of the Role of Respect, Pride, and Shame,' Journal of Social Issues, 2006.

George FR, Short D, 'The Cognitive Neuroscience of Narcissism', Journal of Brain, Behaviour and Cognitive Sciences, 2018.

Graham, S., Bellmore, A., D., & Mize, J., 'Peer victimization, aggression, and their co-occurrence inmiddle school: Pathways to adjustment problems', Journal of Abnormal Child Psychology, 2006.

LeDoux J. E., 'Emotional circuits in the brain', Annual Reviews of Neuroscience, 2000.

Rigby, K., Slee, P. T., & Martin, G. 'Implications of inadequate parental bonding and peer victimization for adolescent mental health.', Journal of Adolescence, 2007.

Troy, M., & Sroufe, L. A., 'Victimization among preschoolers: Role of attachment relationship history.', Journal of the American Academy of Child & Adolescent Psychiatry, 1987.

신문 기사

"폭력에 떠는 교실", 동아일보, 1959. 11. 6.

"學校(학교) 가기가 무섭다", 동아일보, 1963. 5. 24.

"어릴적 심한 욕설 들으면 뇌까지 평생 상처입는다", 동아일보, 2012. 4. 20.

"問題兒(문제아)」로 돌림받던 中學生(중학생)의 깜찍한怨心(원심)− 校內(교내) 물솥에 양잿물", 조선일보, 1963. 5. 25.

"父母(부모)−학교에 큰責任(책임)…事前善導(사전선도)를", 조선일보, 1972. 5. 23.

"學園(학원)에서暴力(폭력)은逐放(축방)해야한다", 경향신문, 1957. 12. 5.

"「學生(학생)강패」의溫床(온상)은 어디 있는가", 경향신문, 1958. 3. 25.

"學園暴力(학원폭력)", 경향신문, 1968. 6. 15.

"暴力(폭력)교실…도피轉學(전학) 잇따라", 경향신문, 1986. 5. 23.

"왕따 · 자살… 정신건강의학과 의사가 제시한 해법은?", 의협신문, 2012. 6. 5.

"학교 폭력, 피해자 뇌 · 신체 변형…가해자 인생에도 '악영향'", YTN사이언스, 2019. 5. 7.

"정신건강의학과 전문의들이 본 학교폭력 피해자의 고통", 메디칼업저버, 2023. 3. 17.

기타

「학교폭력 사안처리 가이드북」, 교육부, 2023.

「2022 전국 학교폭력 · 사이버폭력 실태조사」, 푸른나무재단, 2022.

「한국 교육 고용패널(KEEP: Korean Education & Employment Panel) 조사」, 한국능력개발원, 2005-2007.

「의료기관을 방문한 학교폭력 피해자의 정신병리조사」, 보건복지부, 2001.

학교폭력, 그 이후 끝나지 않은 이야기

발행일 | 2023년 8월 9일 초판 1쇄

지은이 | 노윤호
펴낸이 | 장영훈
펴낸곳 | 사유와공감

편집총괄 | 남선희
기획편집 | 이연제
디자인 | 디자인글앤그림
인쇄 | ㈜교보피앤비

등록번호 | 제2022-000216호
주소 | 서울특별시 강서구 화곡로 416 17층 1720호
대표전화 | 02-6951-4603
팩스 | 02-3143-2743
이메일 | 4un0-pub@naver.com

홈페이지 | www.4un0-pub.co.kr
SNS 주소 | 페이스북 www.facebook.com/saungonggam
　　　　　　인스타그램 www.instagram.com/saungonggam_pub
　　　　　　블로그 blog.naver.com/4un0-pub

ISBN | 979-11-983464-9-0(03300)

사유와공감은 항상 독자 여러분의 아이디어와 작품 투고를 기다리고 있습니다. 책으로 만들고 싶은 원고가 있으시면, 간단한 기획안과 샘플 원고, 연락처를 적어 **4un0-pub@ naver.com**으로 보내 주세요.

아직 떠나보내지 못한 그 기억과
작별하길 바라며
...